我该怎么办？

班主任工作疑难问题解决方略

不知如何带班
怎么办

赵福江　主编

教育科学出版社
·北京·

编　委　会

打牢班级的信任基础

中小学班主任工作几乎是纯粹的实践工作。"实践需要理论指导"是一种笼统的说法。这种说法是正确的，但对于每天忙碌在不断出现问题、必须立即解决问题的班级管理实践中的班主任来说，尤其是对于初入教职就担任班主任的教师来说，正确却无用。因为理论的"远水"并不能解决当下的"干渴"。班里每天都会遇到问题，遇到问题时"我究竟该怎么办"，这才是他们最需要的。有些人面向市场的嗅觉很敏锐，所以书店里摆满了专门向班主任提供如何解决问题的各种妙招、窍门、秘籍、战术、招法类的书籍。这类书籍有一个特点，非常像中医的"经方"，可帮助不方便就医的病人自我判断病症后自己抓药服用，故而也可称其为"药方"类书籍。然而，书到手后许多教师又会暗自存疑：为什么那么好的招法在我这里不好用呢？是我水平低还是这些招法有问题？

平心而论，这些招法（药方）本身并无太多问题。问题出在越是看起来"实用"的招法，作为一种教育经验，越是离不开其所产生的实践情境的框架性加持。就班主任工作经验来说，情境对经验（技巧）的加持程度与该经验（技巧）"看起来"是否更加实用成正比，与读者实际应用的"有效"程度成反比。即是说，当情境加持程度为满格时，人们便无法否认其百分之百的有效性，但其更换情境的可借鉴性最低；当情境加持程度减少为半格时，其操作有效性会打折扣，但其指导的广泛性则会增强；当情境加持程度消减为零时，其操作性便也随之变为零，但其普遍性指导价值却会增至最高，这通常被称为"理论"。

班主任每日每时都会遇到许多亟待解决的棘手问题，"我该怎么办"因此也就成为每位班主任每天都挥之不去的问题。对这个问题可从三方面来分析：一是"我"，二是"该"，三是"办"。"我"是实践者，是他人经验的借鉴应用者，有着与经验提供者不同的实践情境、个人经历和个性风格。"该"同时存在两个方向：首先是理想方向，指依据教育理想，让学生得到最大限度的发展；其次是恰当方向，指适应目前工作需要，把问题处理妥当。"办"是实操，指按岗位职责要求，切实解决当下棘手问题。三方面中，"我"最关键。离开了"我"，便无法评价一个经验的推广应用是否有效；离开了"我"，也无法准确评价"该"的方向和"办"的目标（问题的"棘手"程度与"我"密切关联）。由于"我"是随着经历和经验的累积而不断发生变化的，因此，"该"的方向和"办"的目标也都会随之不断发生变化而绝不会停滞在一个水平上。

以"我"为核心来看"该怎么办"，至少包含三个层次的意思。

第一层是求助，寻求方法、技术的支持，所针对的大都是具体问题的处理。该层次的需求者多为以初任班主任为主的年轻教师。他们急切需要前辈们就带有"常识性"的问题给予"常规性"方法、技术层面的操作建议。由于此类问题每天都会遇到，数量太多，导致在正式场合反而不好意思提问，他们需要的是"药到病除"的效率和效果，因此"药方"类书籍中的经验技巧就成为他们的案头必备。这类方法、技术在"常识性"问题情境下，对于初任班主任还是很有帮助的。只是，越好用的方法、技术，通常越具有很强的情境局限性，脱离具体情境的方法分享，同样具有应用的局限性，出现"好的招法在我这里不好用"的情况就在所难免了。

第二层是追问，寻求的是超越具体方法与技术的原则、原理性的概括，所针对的是经验的总结提炼和改造应用问题。该层次的需求者，多为具有一定实践经验积累的班主任。他们经历过很多教训，也从教训中汲取了相当的经验。他们希望能够对曾经的教训和经验进行理性盘点，希望获得超越具体方法与技术的原则、原理性认知。对案头"药方"类的经验技巧，开始进行批判性阅读，尝试剥离"药方"背后的情境以及个性化背景的框架性加持，进入了原则、原理性思考层面。经过批判性追问的"该怎么办"

的建议，通常就具备了较为普遍的借鉴、参考和应用价值。

第三层是反思，寻求的是适应普遍情境的通用解决思路，所针对的是班主任工作的原理和理论问题。该层次的需求者多为经验、教训都非常丰富也非常突出的班主任。丰富，指数量足够多；突出，指经验和教训都足够深刻。正如一位优秀班主任所言：每位优秀班主任都曾经"毁"过一个班。他们的思考深度已经远远超出了原则层面的追问，触及对人性、对教育价值、对世界观的思考，也触及对多元、多阶、多轮问题的思考。他们进入的是现代教师成长发展所应达到的实践反思的高阶思维境界。他们对青年教师提问的回答，通常是以"思路"而非"技巧"的方式展现，而且至少会提供两种以上的解决思路，用方法、技术的表述方式，大致相当于说："不仅可这么办，也可那么办，甚至还可通过如此这般的方式这样办。"这种解决思路其实已经进入了理论层面，理论层面的"怎么办"建议具有普遍适用性。

如果能从"我该怎么办"这套书的案例中读出上述三个层次的内容，说明读者已具有了实践反思的高阶思维品质。到达这个层次的读者，也许会得出一个更为简洁的结论：班级信任关系是一切问题的根源、一切工作的起点、一切问题解决的根本所在。

耿申

北京教育科学研究院

目 录

1

起始年级不知从哪入手开展工作，怎么办？ / 1

· 预则立，入手之前先有备 / 2

· 初相逢，送上温馨"见面礼" / 7

· 高起点，设规立矩工作顺 / 15

专家视点

· 如婴儿般诞生，如孩童般生长

    ——起始年级班主任工作的价值自觉与路径选择 / 21

2

起始年级不知如何设计班级活动，怎么办？ / 29

· 明确方向：促进班级发展和学生成长 / 30

· 找准思路：贴合学生兴趣和心理需求 / 33

· 抓住重点：做好起始阶段活动设计 / 36

· 学会借力：用好学校各项活动平台 / 46

专家视点

· 科学设计班级活动 促进学生学校适应 / 48

3

班级文化建设不知从何入手，怎么办？ / 57

·从班级显性文化建设入手 / 58

·从班级隐性文化建设入手 / 66

专家视点

·当代班级文化建设的主要问题 / 79

4

中途接班不知从哪儿入手，怎么办？ / 83

·了解学情，打好接班基础 / 84

·创新活动，融洽师生关系 / 88

·建章立制，建设有序班级 / 96

专家视点

·班主任中途接班该如何入手 / 103

5

不知如何带毕业班，怎么办？ / 109

·目标导航，做好统筹规划 / 110

·心理关怀，消除焦虑情绪 / 114

·多方指导，提升学习能力 / 116

·活动凝心，激发毕业情愫 / 119

小贴士

·六招带好毕业班 / 123

专家视点

·以"毕业"开启学生与班主任生命成长的新空间

——毕业年级班主任工作的价值自觉与路径选择 / 126

6

学生不关心班集体，怎么办？　/ 133

· 让班级成为学生的精神家园　/ 134

· 让学生成为班级的主人　/ 140

· 让学生在集体生活中成长　/ 146

专家视点

· 班集体：学生成长的精神家园　/ 150

7

班级排座位发生矛盾，怎么办？　/ 157

· 直面矛盾，引导学生解心结　/ 158

· 争取家长，化阻力为助力　/ 162

· 座位调整，下放权力给学生　/ 164

· 编排座位，重在"立足育人"　/ 166

小贴士

· 排座位的五条原则　/ 170

专家视点

· 如何解决排座位时出现的矛盾　/ 172

8

班级施行量化管理效果不佳，怎么办？　/ 179

· 忌"功利化"，以促进学生发展为旨归　/ 180

· 自我管理，激发能动性　/ 183

· 团队合作，提升集体意识　/ 187

· 创新机制，增强实效性　/ 191

· 群体差异，量化管理依班而定　/ 195

· 个体差异，量化管理因人而定 / 198

专家视点
· 摒弃陈旧的管理模式，回归教育本质 / 201

9

班级奖励措施失效，怎么办？　/ 209

· 奖要重"品"：注重物质奖励背后的精神价值 / 210

· 奖不离"赏"：爱与尊重是对学生最好的奖赏 / 212

· 奖本为"励"：激发学生的内在动机才是根本 / 214

· 奖而有"章"：群策群力制定合理的奖励制度 / 218

特别推荐
· 班级奖励的三个不等式 / 225

专家视点
· 奖励失效的审思与求解
　　——强化原理的分析视角 / 228

10

新生入学不适应，怎么办？　/ 235

· 正视不适应：非单因导致 / 236

· 以心理疏导带学生走出不适应 / 239

· 借力同伴，远离不适应 / 243

· 家校合力，消除不适应 / 244

· 入学教育，上好开学第一课 / 246

· 现身说法，用好"老生"资源 / 251

· 联合家长，开展养成教育 / 254

专家视点
· 多管齐下帮助学生完成学段过渡 / 255

1

起始年级不知从哪入手开展工作，怎么办

?

预则立，入手之前先有备

案例

接班之初的四项准备

"良好的开端是成功的一半。"要想让几十个性格各异、爱好不同的学生迅速凝聚团结，融合为一个和谐的大家庭，我认为班主任接手起始年级后，首先要做好以下四项准备。

精神准备，达成理念认同和人际和谐

要想建设好班级，最重要的是取得学生精神和理念上的认同。每次接手新班，我会先做两件事：第一，给全班学生、家长各写一封公开信，把自己的教育思想、对学生的期望、班级初建期可能会出现的班级问题、家校配合需要注意的事项等，与学生及家长充分地交流和沟通，尽量取得学生及家长的理解和配合，达到理念上的认同。第二，借鉴"性格色彩测试"的方法，通过问卷调查对学生的心理和性格进行测试，让每个学生知道自己及他人的大致性格特质，从而尽可能避免不必要的误解和矛盾产生，让班级人际交往关系更为和谐。

物质准备，协调习惯养成和个性展示

物质准备在初建班级的过程中也不可忽视。正式开学之前，我会向学生下发一份《开学必备清单》，里面列出红笔、口取纸、文件夹、胶棒、长尾夹等必备物品及其用途，从初建班级开始就狠抓学生的试卷整理、作业分类、纠错改错等习惯培养，为他们养成良好的生活、学习习惯打下坚实的基础。同时，我还会布置一项设计"个人名片"的作业，让学生将自己的姓名、性别、兴趣爱好、座右铭、理想目标、个性特长等写在名片上并做好创意设计，开学后张贴在班级宣传栏内，既方便同学和老师尽快相互熟悉，又展示了每个学生的个性特点，可谓一举两得。

制度准备，明确责任培养和纠错措施

班级规章制度对学生的工作、学习、生活起着重要的规范引导作用，班主任必须充分重视。我提前准备好《一人值日制度》和《"亚健康"行为警示卡》，开学后下发给学生（其余制度要逐步和学生一起制定完善）。《一人值日制度》规定我班每天只有一个值日生，这一天所有与卫生有关的事宜都由这一个人负责。这个制度设计的初衷，是培养学生的尽责、奉献、尊重等观念，教会学生不逃避、不推诿，尊重他人劳动成果，从而做到"人人为我，我为人人"。《"亚健康"行为警示卡》主要针对学生的不足和犯的小错误而设计，提醒、警示学生在成长过程中出现不足之处可以及时采取措施补救，尤其是其中设计了"个人自救药方"，让学生自主纠错，家长和老师帮助督促，多管齐下，从而防微杜渐。

行为准备，注重行为落实和氛围营造

有了理念的认同、制度的保障、习惯的准备，最终还是要落实到行动上来。为了让学生在生活、学习、社交等各方面都有长足的进步和发展，为将来成为合格的公民打下坚实的基础，我根据多年带班经验，总结了《高一（×）班礼仪宝典》，教会学生一些基本的礼仪常识，号召全体学生从现在、从点滴做起，做优雅、从容、有礼的人。在日常生活中，我也大力提倡优雅之举，在班级形成文明有礼、与人为善的良好氛围，让学生们在行动上真正落实和谐、友善等价值理念。

在初建班级的关键时刻，努力做好以上四项准备，做到用纪律规范学生，用情感熏陶学生，用氛围感染学生，用理论说服学生，相信一个和谐健康、积极发展的班集体就会自然而然地产生！

（陈静，北京市铁路第二中学）

案例

家校沟通，从见面之前开始

有的班主任说，起始班级的工作是从师生见面的那一刻开始的。可我认为，从班主任拿到班级学生名单的那一刻起，班级工作就应该开始了。

每次接手初一新班，对班主任来说都是全新的开始。班主任与家长虽未谋面，但双方都对彼此充满期待，渴望沟通。班主任希望能够得到家长的信任和支持，而家长希望自己孩子的班主任是一位有爱心、有责任心的老师。班主任应该抓住开学之前的这段时间，积极主动地与家长沟通交流，尽快赢得家长的信任和支持。那么，这段时间班主任可以做哪些具体工作呢？

用细节赢得信任，留下美好的第一印象

拿到班级学生名单后，班主任要做的第一件事是电话通知学生家长，告知报到事宜。这是班主任与家长的第一次通话、第一次交流，这次通话关系到班主任留给家长什么样的第一印象。我们经常听到一些班主任这样通知家长："你好！我是某老师，请你在某时间带孩子到学校报到……"这样的话语无可厚非，但少了点儿亲和力，显得比较生硬，让家长感觉不到这是一个不同寻常的电话——毕竟这是孩子初中班主任打来的第一个电话。

我每次拿到新生名单后，并不急于通知家长，而是先把每个孩子家长的电话号码用"某同学爸爸""某同学妈妈"的形式存在手机里，然后再一个一个打过去："您好！是某同学的爸爸（妈妈）吗？我是他（她）的初一班主任吴庆华老师……"这样的问候方式，首先是礼貌，能让家长感觉到我对他（她）的尊敬；其次，我直接叫出孩子的名字，而且知道对方和孩子的关系，家长不会有陌生感，因为上小学时，孩子的老师也是这样称呼家长的。最重要的是，在我表明身份后，家长必定很开心，因为这个还未谋面的班主任已经记住了自己孩子的名字。虽说只是称呼上的变化，但带给家长的感觉是完全不一样的，因为这背后透露出班主任的细致，很容易拉近家校关系，赢得家长对新班主任的好感，而这种好感往往就是信任的基础。此外，用孩子的名字保存家长的电话号码，也为今后的工作提供了方便，节省了时间。

巧用家长 QQ 群，让家校沟通走在见面之前

在电话通知完家长后，我迅速建立班级家长 QQ 群，并通过短信把群号码告知家长，邀请家长入群。对于新班主任提出的入群要求，家长们都是非常支持的，因为他们都有与新班主任沟通的需求，这无疑为他们增加了一条渠道。在家长的支持下，班级 QQ 群很快组建完成。

　　我校是一所寄宿制学校，孩子们都是第一次离开父母到学校寄宿。从学校角度讲，有很多管理要求需要提前告知家长，争取家长的理解和支持；从家长角度讲，也有很多的担心和疑惑需要得到学校的答复。这个 QQ 群满足了家校双方沟通的需求。

　　通过 QQ 群，我一般先做三件事。第一，自我介绍。我首先把自己的照片和从教经历发在群里，让家长和孩子认识我，并知道我是一位经验丰富的"老"班主任，从而赢得信任和支持。在我发完照片后，很多家长也会把自己孩子的照片发在群里，并说："吴老师，您也认识一下我们家某某。"通过这样的互动，我认识了很多孩子，也从家长那里了解了一些孩子的特点，为后续工作奠定了基础。第二，告知开学报到的具体细节。虽然在第一次通电话时已经告知过了，但很多家长记不全，甚至可能忘记，所以我还会在 QQ 群里把开学报到的具体细节以文本的形式发给家长，特别是寄宿需要准备的一些物品，我会罗列清单，这样家长的准备工作就更加清楚、具体、有效。一位家长在群里说："数我们班班主任工作细心，其他班级家长都得自己找学校要这些材料。"看得出来，家长们很开心，对我的工作非常认可。第三，提前告知管理要求。我会把学校寄宿管理制度发在群里，要求家长与孩子一起学习。一方面让家长了解我校规章制度，赢得家长支持；另一方面让孩子提前了解学校常规管理的具体要求，对全新的寄宿生活做好心理准备。

　　除了我向家长和孩子传递信息外，很多家长也在 QQ 群里向我提各种问题，我总是有问必答，耐心回答每一位家长的提问，打消了家长的很多顾虑。此外，很多家长和孩子也在群里互相介绍自己，认识新同学和新朋友。

　　虽然开学前我与家长、孩子还未谋面，但我们已经通过电话、网络多次互动，彼此之间逐步熟悉，班主任、家长、学生都已经提前进入各自的角色，并对我们的见面充满期待。开学报到那天，我见到很多孩子都能一下叫出名字，因为我们早就"认识"了；我与家长的交流话题很多，因为我们已经沟通过好几次了；孩子之间、家长之间相处十分融洽，因为已经通过 QQ 群彼此认识了。我们班教室里总是比别的班级热闹，不像是新生报到的场景，更像是久别的朋友相聚在一起。这一切都为今后的工作打下了坚实的基础。

（吴庆华，江苏省锡山高级中学实验学校）

初相逢，送上温馨"见面礼"

案例

给新生准备"见面大礼包"

起始年级，既是开始，也是转折，师生双方都充满期待地迎接全新的集体。特别是起始阶段，班级工作千头万绪，如何尽快让班级走上正轨呢？我认为，在最短的时间内通过一系列措施消除师生间、生生间的紧张感和陌生感，建立安全感和归属感，是起始年级工作的重中之重。精心准备"见面礼"，是我的"撒手锏"。

每接一届新班，我都会为学生准备一份"见面大礼包"。

发一颗棒棒糖，寄托美好寓意

一取其音"棒"，我跟学生说："棒棒的你们来到了新的学校、新的集体，即将开启一段新的成长旅程，预祝你们棒棒的！"二取其意"甜"，糖即甜，寓意甜蜜的开端、甜蜜的相处，我期待学生的初中生活甜甜的！我往往还会在毕业的时候，再送给学生们每人一颗棒棒糖，让学生甜蜜地开始，棒棒地结束。

发一支班级笔，记录成长

我希望自己的班级是传承的，班级文化也是传承的，所以我带的班级从不更名，只是加以数字后缀，就像电影一样，续集，再续集。我的班级有专门定做的班级笔，笔杆上印有班级 LOGO 和班级口号"青春岁月，你我并肩"。在学生拿到班级笔之后，我会跟他们聊以前学生的故事，告诉他们我们是一个什么样的班级，这里曾经发生过哪些事情，一边回顾跟他们有关的过去，一边带领他们一起期待未来。班级笔有两方面作用：作为一种文具，它会陪着学生们做作业、考试、写日记、记录每天发生的故事；作为一种班级精神文化的信物，它凝聚着学生们的心，写下的是文字，见证的是成长。中考前，我还会送学生一支班级笔，陪他们走向人生的另一个重要的转折点。

发一本聊天本，开展心与心的对话

都说青春期的孩子会出现各种各样的问题，但我认为大部分问题是缺乏沟通造成的。在起始年级就跟学生建立起相互信任的师生关系，通过纸笔聊天的方式走近彼此，能为之后的工作开展开启良好的开端。既然是聊天，那就不限内容，想聊什么就聊什么；不限时间，想什么时候聊就什么时候聊。聊天，没有什么特别的目的，不是为了刻意拉近师生距离而交谈。轻松聊天的氛围，建构的是亲密的师生关系，让师生成为好朋友，成为一同成长的伙伴。

开展一次破冰活动，奠定班级氛围的基调

起始年级的各种第一次，都是教育的契机。很多老师为了以后班级好管理，常常在第一次见面时列出很多要求，以为这样做学生就会守规矩，

但常常一天下来，学生并没有感受到新环境带给自己的新鲜感，更没有归属感。精心设计一次破冰活动，从分组，到相互认识，再到几个简单有趣的团体游戏，不仅能让学生尽快认识新同学，消除陌生感和紧张感，也能为班级的总体氛围奠定基调。学生在互动中了解到，这个班级以后可能是轻松的、快乐的、民主的、团结的……。学生有了这样的心理预设和期待，带班就开了个好头。

与每一届学生见面的第一天，我都会送上这份"见面大礼包"。收到这份大礼，学生的主动性和积极性就会得到激发，从而一起参与班级管理和班集体建设，各项工作就能够顺利开展。

老师们，不妨试一试，为学生精心准备一份见面礼包吧！

（沈磊，南京师范大学附属中学新城初级中学）

案例

让孩子从第一天起就喜欢上学

从幼儿园三位老师照顾十几个孩子的生活，到小学一位老师负责四十多个学生的学习，初入小学的孩子们难免会有各种不适应。我认为，只有让学生爱上老师，每天盼着与老师见面、与老师说话，盼着上老师的课，他们才有可能爱上新学校、新班级、新同学。所以，每次接新班，我都会精心设计与学生的第一次见面。

叫出名字，让每一个孩子知道老师在乎他

拿到学生的入学登记表后，我都会认真阅读，了解每一个孩子的具体情况，以便入学后有针对性地进行教育。特别是要熟记孩子的名字，并对

照孩子的照片，尽量记住每个孩子的模样。著名心理学家戴尔·卡耐基说，记住对方的名字并且做到脱口而出，会让对方感到欣喜。没有谁会要求我们在第一时间记住孩子的名字，但越早记住，孩子对我们的印象就越好！记住孩子的名字，会让他知道老师在乎他，也能赢得家长的好感与信任。

拉住小手，让每一个孩子知道集体是温暖的

第一次见面，当孩子们出现在我面前时，我一定会从家长手里接过孩子，牵着他的小手给他安排座位。我们千万要记得，孩子是主角儿，我们和蔼的目光、亲切的微笑一定要定格在孩子的脸上，让他知道老师爱他，知道集体是温暖的。与家长的沟通不能过多过细，以免影响对孩子的照顾。

"亲其师，信其道。"大学生信服老师往往是因为老师的博学、修养、谈吐，而一年级小学生爱老师，往往就是从老师能叫出他的名字，拉着他的小手开始的。

给予肯定，让每一个孩子知道努力就有收获

对于刚开始小学生活的孩子，你希望他们学会什么，就要往什么方向引导。

教会三句话

第一次上课，我会郑重其事地教孩子说三句话："我是小学生！我爱一（×）班！我爱上学！"当每一个孩子都自信满满地说完这三句话之后，我一定会为他们竖起大拇指，说："你们都是爱上学的小学生！你们真了不起！来，每人奖励一朵小红花！"

第一次见面，通过正强化的引导，让学生在心理上完成从幼儿园小朋友向一年级小学生的过渡。

引导坐姿正确

我还会捧出小红花，走到一个坐得直直的学生跟前说："这位同学坐得最直，我要把第一朵小红花奖给他！"话音未落，全班学生都坐得直直的。引导孩子坐端正，还要教方法："要想坐得直，又不累，屁股往后挪一挪。"这样的坐姿，既有利于学生课堂上目光的专注，又有利于学生脊柱的发育。

培养听讲习惯

之后，我又捧着小红花，走到另一个学生跟前说："这位同学眼睛一直看着我，他听我讲话特别认真，我要把第二朵小红花奖给他！"这时你会发现，所有孩子的目光都会集中在老师身上。告诉学生眼睛看着老师，是专注的表现，既是对老师的尊重，也是对知识的尊重。另外，我们还可以从孩子的眼神中及时得到他们学习情况和精神状态的反馈。这样的习惯一旦养成，将伴随孩子将来十几年乃至一生的学习生活！如此，一年级老师功不可没！

此外，还要照顾好孩子的生活。下课后，要通过儿歌引导孩子："喝水、如厕排第一，然后再去做游戏。"……

成功的第一次见面，会让学生觉得，老师在他的眼里，他在老师的心中！陪孩子过好第一天，会让孩子觉得上学是快乐的！

（陈玉梅，北京市东城区史家小学）

案例

爱上新班，从喜欢班级环境开始

养眼，给孩子们一个窗明几净的世界

新生报到前一天，我到后勤处领取了新教室的钥匙和卫生工具，准备独自打扫教室卫生，给孩子们创造一个窗明几净的环境。

就在我忙着清扫时，几个小脑袋不时地向教室内探望。当与我的眼神相遇时，小家伙们轻声问道："老师，这是新初一（6）班吗？"我轻轻地点点头。小家伙们相视一笑，其中一个孩子自言自语道："这就是咱们的新班级。"其他几个孩子也跟着应和："是的，是的。"然后，孩子们纷纷问道："老师，您为什么自己打扫卫生呀？怎么不等学生报到后，指挥他们打扫？"我抹抹脸上的汗，笑道："学生有打扫教室的义务，老师也有打扫教室的义务，不是吗？"孩子们十分诧异。他们对视一瞬，而后露出会心的微笑。

"老师，我们几个也想一起打扫卫生，可以吗？"一个孩子羞涩地问道。"你们不怕脏？"我反问道。孩子们摇摇头。"不怕累？"我又追问了一句。孩子们使劲摇摇头。我刚一点头，他们就呼啦一声奔跑着去抢卫生工具。有了孩子们的参与，打扫卫生的进度大大加快。

不一会儿，讲桌被擦拭一新，课桌凳也被擦拭得干干净净、摆放得整整齐齐，门窗玻璃被清洗得晶莹透亮……。在打扫教室过程中，我逐渐熟悉了这几个孩子的个性：父母离异、自强不息的王强，生性好动、爱耍小聪明的李小布，自制力强、领导能力突出的吴轩……。几个孩子还顺带给我介绍了其他几个与他们关系比较好，也被分到我们班的孩子的个性特征。

打扫完毕后，这几个孩子一边欣赏焕然一新的教室，一边兴奋地又叫又跳。我想孩子们之所以如此兴奋，是因为体验到了成就感、自豪感。同时，这次打扫也增强了他们对班级的认同感。

入心，给孩子们一个温馨向上的空间

在我们轻松地说笑聊天时，李小布突然冒出一句："老师，咱们班仅仅有窗明几净的环境是不是显得有些单调，如果加上些欢迎新同学的文化元素是不是显得更完美？"李小布的话引起了其他几个学生的热烈响应："老师，在黑板上写几个字吧？""如果能够配一些简单的画会更完美，是吧？"……

说干就干，我又到后勤处领了彩色粉笔，经商议后，我和孩子们决定在黑板上书写"七（6）班，因为有你加入更精彩"几个大字。在大字的两旁配上含苞待放的花朵，四周再点缀一些放飞的五彩气球。

教室后面的板报栏也设计了两项内容：一是"致敬爱的家长的一封信"，主要包括家长注意事项、未来家校配合工作等；二是"致亲爱的同学们的温馨提示"，主要包括入学温馨提示、熟悉我们的班规等。之后，我提出班级墙面文化大致内容和布局，几个孩子商议具体位置张贴或者摆放什么东西。比如，黑板报的右侧并排贴了七个挂钩，用来悬挂小笤帚，挂钩的右下角贴着垃圾桶、大扫帚标签，明示这些卫生工具摆放的位置；左侧张贴班级公务栏标签，用于张贴时间表、座次表、课程表、就餐表；公务栏的左下侧张贴水桶存放处……

教室左右墙上的四个小黑板上，分别写上一句名人名言，用以激发孩子们的学习动力，提示孩子们养成好习惯，秉持豁达的人生态度，并呈现与人沟通相处的原则。

等我们忙完，已过中午十二点。看着孩子们满脸的汗水、浸透的衣衫、脏兮兮的小手，我十分感动，便想请他们共进午餐。他们却婉言拒绝："老师，今天我们能够与您一起打扫卫生，就感觉非常高兴了，何况我们也是班级的一员呀！"我想要再说些什么，可是感觉都是多余的。

原来我还在想：是自己打扫教室给孩子们制造一个惊喜好，还是让这

些孩子们参与进来体验一下劳动的艰辛与乐趣好？现在这个问题的答案已经不言自明了。

美言，给孩子们一个共享暖意的天地

开学报到那天，我早早来到学校，守在教室门口，并在教室门口张贴了一封表扬信，内容非常简单："向为洁净班级付出汗水与辛劳的以下同学致敬：王强、李小布、吴轩、赵飞。"在表扬信的下半部分有三条分别写给家长和学生的温馨提示语："您的配合，是给孩子最好的示范；您的建议，是对孩子最好的负责；班级卫生，离不开我们用心的呵护。"

或许是得益于洁净的班级环境，或许是得益于井然有序的班级文化布置，这一次，孩子们入班后没有了以前的喧嚷和嘈杂，脸上除了露出惊讶的神色，还带着一种难以言说的幸福，这或许就是对新班级的认同感。孩子对班级的认同，无形当中也让家长对班级的未来充满了信心。

一个家长说："老师，真没想到孩子第一天入学，班级的环境如此洁净，班级张贴物如此富有条理，孩子今天高兴得不知道说什么好。作为家长，我对咱们班的评价是——两个字'放心'，一个字'棒'！"

家长们有的坐在相应位置上与孩子们说着悄悄话，有的轻轻地挪移脚步欣赏班级的张贴物以及各项布置，有的静静地阅读着"致敬爱的家长的一封信"……

我体验到了来自孩子与家长信任的幸福，孩子和家长也体验到了来自良好班级氛围的自豪。因为对班级的认可，增进了家长、孩子与我之间的信任；因为彼此相互信任，我们的交流变得舒畅、自由。这种舒畅与自由进一步加深彼此间的信任，无形当中在教师、家长、孩子之间形成了一种温馨、幸福的磁场。

（田东良，山东省莘县舍利寺中学）

高起点，设规立矩工作顺

案例

用心打造"家文化"

接手起始年级后，我主要围绕"家文化"来开展工作，效果非常不错。为什么选择"家文化"呢？因为家意味着亲情、温馨和关爱，"家"的概念无形之中会让学生们产生心理上的安全感、亲近感与归属感。我主要通过"饰家""治家"两大行动来进行新班级的建设与管理。

饰家——构建心灵家园

在第一次饰家时，我首先召开"我爱我家"主题班会，征询每个学生的建议并开展热烈讨论，形成班级共识后，再进行整体布局，让每块墙壁都展现学生们成长的印记。

经过讨论，我们班的教室环境形成了三大板块：（1）挑战性环境：走进"心"世界——展示一周"班级史记"的文章。（2）展示性环境：荣誉墙——张贴班级和学生获得的奖状；成长足迹——张贴班级活动照片并配上精彩点评。（3）特色环境：本周微博——反映班级学习情况等动态；师长心语——教师与家长对学生的寄语。

以下摘录班级板报中的部分内容：

开学第一天，作为高一新生的我们，怀着满满的期待，开始了新的一天。尽管清早下起了雨，可这并不能阻挡我们的步伐。7：15 未到，班里已经坐了许多同学，有独自翻书熟悉课本的，有与邻桌窃窃私语的，还有四处张望的。果然开学第一天，就很让人兴奋。……或许前一天的返校，已让我们对学校、班级有了初步认识，而这一整天下来，老师的循循善诱、同学的真切关怀，让我们对高中生活充满了信心。（朱同学——"走进'心'世界"板块）

这里是我们梦想生根的地方 / 这里是我们心灵成长的殿堂 / 我们班的每一个人都是一块金子 / 期待在这里 / 绽放青春岁月的光芒 / 谱写记忆一生的美好篇章（葛老师——"师长心语"板块）

在我心中，教室不仅是一个物质空间，更是一个心理空间；不仅是教学发生的场域，更是一个教育生活空间。把班级环境建设作为抓手，能让新入学的学生感受到浓浓的大家庭的氛围，受到正能量的熏陶和感染，从而促进他们的进步与成长。

治家——塑造秩序家园

班级建设内涵需有德，外显要有规。正所谓"治家严，家乃和"。在起始年级，我在"治家"时，主要从策划、组织、实施、反馈四个维度开展工作。

一是班级管理工作的策划。召开主题班会，通过"我为我家找不足""我为我家出主意"等活动探讨我们班需要重视的主要问题，与学生们一起制订班级发展计划。

二是班级管理工作的组织。民主制定班级管理制度，主要包括：（1）"德育学分银行"——根据"行规"与学习情况给予个人学分奖励；（2）"家庭管理日志"——每天记录班级"行规"和学习情况以及好人好事；（3）"家庭史官制度"——每个学生轮流负责班级管理工作，并在"家庭史记"上记录班级一天的故事，回家请家长写寄语；（4）"小组激励机制"——以小组为单位开展"行规"与学习上的班级量化管理，每月对优胜组进行表彰。

三是班级管理工作的实施。每天由学生轮流担任"家庭史官"，负责班级管理（见下表），并设立值周班委。

"家庭史官"行动指南

时间	主要事项
7：15	在黑板上写好自己的名字、课程表，督查班级卫生
7：30	记录各科家庭作业上交情况
7：30—8：00	管理晨读
8：00	提醒出操集合，维护纪律，做到快、静、齐；最后一个出门的同学，检查是否关门、关灯、关空调
上、下午课间	督促班级卫生清洁和眼保健操，督促课前学习用品摆放，协助科任老师工作
中午	督促同学及时进班午休，提前查看班级卫生
下午放学前	主持微型班会，进行一天工作汇报，朗读上任"家庭史官"写的"家庭史记"（班主任列席）；把"家庭管理日志"交给下一位同学；回家完成"家庭史记"
备注	班级若发生突发事情，及时通知班主任

四是班级管理工作的反馈。我们自主构建了多元评价机制，如评选优秀"家庭史官"、班级德育标兵、优秀团队等。在评价过程中，人人参与，公正公平，并且要评价岗位职责履行的情况。

通过以上措施，班级逐渐形成了一种文化上的自觉，常规管理形成了良性循环。一方面，每个学生都有机会在集体的氛围中学会关注生活中的各种事务，辨析其中的生活道理，提炼生活感受，形成了一种强大的集体自我约束的力量；另一方面，我深深感受到学生对班级的热爱，自己的班主任工作也感觉得心应手，轻松很多。

（葛未来，上海市高境第一中学）

案例

班级荣誉，我的责任

一走进我们班，大家就会看到独具特色的文化墙：整个墙面是一个整体，用梅花做背景，上面贴满了各式各样的奖状。每次看到这些，学生们都会感到无比自豪，因为这些都是大家一个学期努力的结果。在我们班，学生们已经把"班级荣誉，我的责任"作为自己行动的坐标。那么，我是如何在起始年级就建立起一个具有较强凝聚力的班集体的呢？

通过心理班会，帮助学生建立良好的人际关系

现在的孩子兄弟姐妹少，常以自我为中心。但班级是一个集体，学会与同学相处，建立良好的人际关系十分重要，唯我独尊、孤芳自赏必然要遭受挫折。

我们会根据中学生人际关系发展的需求，适时召开心理班会，帮助学生逐步加深对彼此的了解。比如，开学初，我们召开了"亦师亦友""性格的力量""朋友交叉点""结伴同行"等心理班会。"亦师亦友"注重和老师建立起信任关系；"性格的力量"旨在提升学生对自我性格的认识，探讨性格对人际关系的影响；"朋友交叉点"教导学生分辨益友和损友，掌握拒绝诱惑的方法，鼓励学生选择益友，建立健康的关系；"结伴同行"帮助学生建立互相信任的关系。

通过心理班会帮助学生建立信任关系只是工作的第一步，如果期望学生把课堂内体验到的信任关系带到日常生活中去，从而建立更好的朋辈关系，那就还需更多的班级管理方法。

通过"互助小组"和"师徒结对"，使学生产生归属感

初一新生自我意识开始发展，有了一定的对事物进行评价的能力，也开始注意塑造自己的形象，希望得到老师和同学的好评。他们一般会对初中生活产生美好的期待，在学习和自律方面会认真努力，力争给老师和同学留下好印象。抓住学生的这一特点，我们开展了"互助小组"和"师徒结对"活动。

"互助小组"按照学生特长进行划分，每个学生在小组中都能发挥自己的长处，都有用武之地，都能产生成就感。为了帮助自己的小组在竞争中获胜，小组成员之间必须精诚合作，每个学生都要竭尽全力去完成小组的任务。另外，根据学生表现的差异，我们又成立了"师徒结对"两人小组。这样任务更加具体，分工更加明确，也是一种非常好的合作方式。

通过这些方式，学生之间既竞争又合作，不仅形成了良好的竞争氛围，而且增强了学生的团结合作意识。小组成员之间或师徒之间，互相帮助，团结友爱，集体意识逐步形成。学生们也初步认识到何谓"班级荣誉，我的责任"，从而为形成稳固的班集体，形成班级凝聚力奠定了基础。

开展"心动瞬间"优点大发现活动，形成具有较强凝聚力的班集体

人人都需要赞美，如同万物生长需要阳光的温暖一样。没有鼓励和赞美，孩子在精神上会有失落感，适时适度地给予孩子鼓励和赞美，能使孩子获得力量和希望。为此，我们开展了"心动瞬间"优点大发现活动，让学生们通过发现同学优点的方式，继续巩固朋友之间互帮互助、团结友爱的信任关系，加强集体凝聚力。

为了这项活动顺利开展，老师先要做发现者，为学生树立榜样。这就要求我们做到腿勤、眼勤、嘴勤，甚至笔勤。于是，班级成了我的主要活

动场所，不管是课前还是课间，我都会及时出现在班里，或者和学生聊聊天，或者观察一下学生。结果令我非常满意，我看到很多学生身上的闪光点。

我把这些发现用文字记录下来，第二天和全班学生分享。被老师写到的学生脸上放着光彩，眼睛里满是喜悦；没有被老师写到的学生暗暗下定决心，要成为下一个被老师发现并通过文字表扬的人。通过老师的"心动瞬间"大发现，学生们的激情被点燃，"为班集体着想就是光荣"成为大家的共同认识。分享"心动瞬间"的时刻，也成了学生们每天最幸福、最兴奋的时刻。

其实，老师只是领路人。要使班集体更加凝聚团结，还要靠学生的自觉。于是，我充分调动学生积极性，鼓励他们参与"心动瞬间"大发现，主动发现身边同学的优点。这样不仅促使学生主动去了解身边的人，发现同学的优点，而且培养了学生之间的感情，每天分享"心动瞬间"的时刻变得更加轻松愉快。

通过"心动瞬间"，我也可以更多更及时地了解学生们一天的"善行"，看到更多学生的可爱之处。看着一个个虽然琐碎却充满温馨的细节，我被深深地打动了。我知道，他们已经牢牢地把"班级荣誉，我的责任"放在心中，时刻把班集体放在第一位了，我们班也已经成为一个坚不可摧的堡垒、一个具有很强凝聚力的班集体。在形成集体凝聚力的同时，学生们还形成了关爱他人、帮助他人、维护班级卫生、爱护公物、尊重他人等优秀品格！

（杜秀霞，北京教育学院朝阳分院附属学校）

专家视点

如婴儿般诞生，如孩童般生长
——起始年级班主任工作的价值自觉与路径选择

一元复始，万象更新！没有哪个学生不对新的开始充满期待，没有哪个家长不对起始年级的孩子充满期待，没有哪位班主任不希望自己的工作乃至于专业发展不断有新的起点。

起始年级能给人以希望，给人以新的发展起点，给人以重新开始抑或继续更新的巨大动力。

而当前，依旧有较多起始年级班主任不知道自己的工作性质与重点，不明晰自己的工作价值与责任，不明了自己的工作思路与策略。不少学校还会请刚刚毕业的青年教师担任起始年级班主任，于是，这个极其需要专业性与教育情怀的教育起始阶段，往往成为班主任与学生共同跌跌撞撞前行的一个月、一个学期，乃至一年。

起始年级呼唤着高质量的班主任工作，也凸显着班主任工作对于学校教育系统和人的生命成长系统的奠基性价值。

保持新鲜而热烈的希望感

起始年级的班主任，需要给孩子、家长、合作教师与自己全新的希望感。

无论之前的教育经历和发展状态如何，起始年级都是一个新的开始，希望与之天然地相伴。这具有深刻的人类学意义。在哲学家张世英看来,"人生应是一种不断突破现实的有限性的活动,这种活动就是人们通常所说的希望"。在他看来,"希望使人不满足于和不屈从于当前在场的现实。人生的意义就在于超越现实,即超越在场、超越有限,从而挑战自我、不断创新。显然,正是希望而不是现实,才更显示人生的最高意义和真实性。"①

起始年级天然拥有这份希望。孩子们、家长们和教师们都会对起始年级充满憧憬。

从学期开始前班主任的家访,或与家长、学生的交流开始,特别是在开学的第一次见面会、第一次班级活动、第一个星期的班级生活中,这种"希望"就真实地展开了。需要日常教育教学生活中,让"希望"伴随着每一名学生,并在行为中、思维中保持着期待。这意味着班主任绝不能无视起始年级所具有的"希望性",更不能浪费这无比珍贵的"希望"。

首先,班主任需要加强与学生、家长和合作教师的直接对话,在倾听中发现新生的力量和教育的资源。

班主任作为班级的核心教育工作者,需要在起始年级工作开始时,高度重视并实践对学生、家长的研究。他需要充分了解每个孩子及其家庭的特点,开放地接纳他们对新的教育阶段的期望;尊重、关注学生和家长的发展预期,进而真诚地开展对话,并补充、发展家长与学生的教育理解,促成学生和家长对之前发展状态与问题的清醒与清晰。班主任需要在充分了解学校教育要求的基础上,形成对各类教育资源的梳理。

其次,班主任需要真实地带给学生、家长和合作教师新的班级发展目标和学生发展预期。

有管理学家通过研究发现:"我们在世界各地都遇到了这样一些高级主管,他们渴望建立一个比个人生命更伟大、更持久的组织。这样的组织扎根于一套永恒的核心价值观,为利益之外的追求而生存,并能以内生的力

_____

① 张世英.哲学导论[M].北京:北京大学出版社,2002:353-354.

量不断地自我更新，因而长盛不衰。"①无论是班主任教育思想的清晰表达，或是新的学段整体要求的呈现，还是借助优秀毕业生、学长形成富有感染力的榜样示范，班主任都要以最快的速度和最有力的方式促进班级发展目标的呈现、学生发展目标的清晰。在这个过程中，特别重要的是利用学生和家长的资源，让学生和家长感受到源自自我的生长力量，让班级发展从第一天开始就建立在内在力量的基础之上。

再次，班主任需要带领学生、家长与合作教师，共同形成班级生活要有新形态和新内容的意识。

与上一个教育阶段相比，起始年级到底有哪些是新的？通过组织与学生、家长、合作教师的正式对话和非正式交往，借助多种形式，班主任要帮助大家形成一种延续与更新的超越感，抑或"质变"感，将起始年级内含着的"诞生性"变为现实，使进入起始年级成为学生发展的真正的节点事件。随着开学后每一天的展开，班主任尤其要注意不断发现、挖掘、强化学生和班级在每一天的新进展、新变化，要像呵护刚刚诞生的婴儿一般，"照料"着这个班级、这群学生。

总之，起始年级的班主任要给学生、家长、合作教师以希望，并在真实的班级生活中，始终保持对发展、对未来、对不断新生的希望！

创生真实而有机的开始感

班级建设是真实、具体、复杂的，每一天的班级生活更是丰富而独特的。班主任的工作只有落实到具体的实践之中，才能给学生、家长、合作教师以真实的开始感。"知行"不"合一"是极其可怕的，很快就会摧毁学生与家长对班主任的信任和对新生活的希望。

首先，真实的开始感来自一件件具体工作的开展，尤其是"第一次"系列。

---

① 柯林斯，波勒斯．基业长青 [M]．真如，译．北京：中信出版社，2006：IX-X.

班主任在起始年级所做的家访，往往是第一次直接与学生和家长的沟通与对话。这次相遇，班主任要充分重视，不仅要超越原有的"获取信息"的功能，而且要建立起学生和家长对新生活的"正确理解"，做好进入起始年级的准备，进而形成班主任与学生、家长之间的新关系。开学典礼或开学之后班主任与合作教师、学生的第一次见面会，更是集中表达班主任的教育期望、教育理解的重要契机。之后，第一次班会、第一次班级事务的分工、第一次班级纠纷的处理、第一次班级活动的开展，都异乎寻常地重要。正是在这一个个的"第一次"中，学生和家长真实体验到起始年级的独特。

其次，这份真实的开始感将随着班级建设整体结构的建立而不断走向有机。

笔者在所做的"班主任工作专业标准研究"中，提出了"开展班级岗位建设与学生小干部培养""班级文化建设""主题活动及主题班队会开展""班级建设与学科教学融通""学校学生工作实践介入""社会性与自然性资源开发"六大领域的内容结构。在具体的班主任工作实践中，不必在这些工作上平均用力，但不可缺失这些工作内容。就起始年级的工作需要而言，要建立班级岗位，建立起"全纳型班级"的基本格局；要形成初步的文化基因，确定班级交往的基调与班级精神的核心；要开展适切的主题活动，特别是结合学校大型活动而实现的班级在学校里的不断"亮相"与班级自主活动的不断推进。班主任绝不能只关注学生的学科学习，必须要以领导者的角色，推动班级生活整体结构的形成与形态的清晰，促成学生体会新生活的丰富性。

再次，这份真实的开始感会随着班级建设长程性的不断实现，走向有机成长感。

随着班级生活的进行，其日常性开始凸显，学生间的差异开始变得突出，活动质量的起伏成为常态，日常生活的重复性或周而复始性成为现实。此时，班主任需要以慧眼和慧心，不断发现在日常生活中形成的各类教育资源，不断点化学生，不断充实班级文化。与此同时，班主任更需要以长程性和系列化的思维，建构更为丰富的班级活动和开展相关工作。以开学不久就会遇到的教师节活动为例，班主任不仅可以和学生们一起策划针对本班的各类活动，鼓励、支持、帮助学生表达对前一学段教师们的感恩，还可以把本班级的庆祝、师生和生生交往活动继续下去，形成长达一周乃至一个月的系列活动。相应地，班级的岗位评价、轮值班长的上岗与评价，都需要从长程视角加以设计与推进。这样，学生就能真实感受到在日常生活的背后所蕴含着的动能，加之有着文化的熏陶，尤其是班主任的点化，学生可能获得源源不断的生长感，感受每一天的新及每一个人的成长。

总之，班主任需要在整体综合与长程性和系列化的视野下，化工作为学生成长历程中的关键事件，经营丰富多彩而富有生气的班级日常生活，唤醒学生的开始感。

点化有力而踏实的生长感

班级的发展，学生、家长及教师的发展，都是在真实的生活中，像种子生长一般逐步展开的。即便有非连续性事件的存在，也是在日常生活的背景下生成，并重新回归到日常生活中的。

在起始年级，班主任要为学生、家长和合作教师创造有机生长的阳光、空气、水和土壤，促成班级、学生、家长和合作教师的生长。

首先，班主任要促成教育性交往关系的建立。

班主任的教育力量，不仅在于与学生的直接交往，而且有责任形成学生的交往世界，促成学生之间、学生与教师之间、学生与家长及社会人士之间的教育性交往。在起始年级，班主任一定要尽快促成学生之间的相互熟悉，建立合作关系，清晰交往规范，明确交往底线，在基本规则与理想境界的张力中，建构积极健康的交往格局。同样，借助开学典礼、教师节、中秋节、国庆节等重大节日和日常教育教学工作，班主任要促成良好的师生关系的建立，既要主动促进学生的意识觉醒与行为养成，也要积极鼓励、影响学科教师，倡导、形成一种尊重、平等、引领发展的理念与行动。自然，班主任自身与学生的交往，是具有榜样性的。班主任需要以自己对学生的研究，以自己的学生立场，以自己身体力行、知行合一的状态，形成起始年级全新的交往格局。

其次，班主任要促成日常生活的教育化。

班主任是教育工作者，班级生活是教育背景下的日常生活。而学生的班级日常生活是否真正实现了教育化，不仅依赖于学生的学习和发展意识与能力，而且依赖于班主任的教育智慧——毕竟班主任是肩负教育责任的主体。

班主任需要有发现教育资源、生成教育过程、点化教育成果的意识与能力。在班级日常生活中，所有的人、事、物、境，都是学生生命存在的表达，有着生命性；也因人的丰富性而成为他人发展的资源。班主任需要在起始年级的工作中，敏锐地发现这些生长的力量，促成个人和群体在相互学习与合作中不断发展。对于教育资源的利用，不仅需要与各学科教师合作，将班级资源充分融入学科教学之中，并利用学科教学的力量促成班级发展，而且特别要借助班级建设时间，例如，晨会或午会时间、主题班队会时间、课间和节假日时间，形成以班主任为教育责任主体的教育活动。这其中，特别有意义的，是源自真实生活中的照片、视频、原始材料、被同学忽略掉的各类细节等。通过一定周期的比较、分享、交流，往往会有力地唤醒学生的成长感。

班主任也需要大力培养学生在日常生活中学习和发展的意识与能力。例如，问题解决学习不仅在学科学习中可以实现，而且在班级日常生活中也充满着可能性。不仅如此，榜样学习、合作学习、体验学习、项目学习等，都在班级生活中有着丰富的表达。作为发展中的人，学生需要得到班主任的指导与帮助，需要在教育工作者的点化中不断觉醒。

再次，班主任要不断促成学生的学习与发展自觉。

基于学习科学的视角，人具有学习与发展动力，并在与外部环境的交互作用中，不断形成自我意识，建立真实的发展基础。从班主任工作的角度看，促成多维生动的评价体系的建立，是促成学生发展的重要外部力量。

班主任和学科教师对个体与群体学生的评价，借助学校和家长力量给予学生的发展性反馈，以及借助一些节点事件而形成的庆典、表彰活动，都可以成为班主任工作的构成。与此同时，真诚地欣赏、理解学生，为学生的成长而欢欣鼓舞，为学生的烦恼与所遇到的困难而提供切实的帮助，都可能促成学生内在发展力量的集聚与增强。

总之，起始年级的班主任工作就真实地存在于每一天、每件事，针对每个人的工作中。学生的成长、班级的发展，就紧紧依靠着这些日常性的班主任工作。通过班主任的努力不断点化学生，不断唤醒和强化学生的生长感，班级与学生就更可能如雨后之春笋般生长，就更可能回馈我们意想不到的惊喜。

（李家成，上海终身教育研究院执行副院长，华东师范大学教育学系教授，教育部人文社科重点研究基地基础教育改革与发展研究所研究员）

2

起始年级不知如何设计班级活动，怎么办

明确方向：促进班级发展和学生成长

案例

我的活动我做主

班级活动是班主任开展班级建设的主要抓手。起始年级特别是起始阶段，学生需要努力适应新学段要求，班主任则忙碌于各种建班杂事。此时，班主任该如何设计科学而富有实效的班级活动，在发展学生素养的同时，营造良好的集体舆论氛围，促进班集体快速形成呢？

以顶层设计引领活动方向

建班之初，为了保障班级活动的有效性和持续性，让它不流于形式，班主任就要做好顶层设计，拟定班级活动的总目标：通过班级活动打造一个优秀的班级团队，并让学生在班级活动中快乐成长、健康发展。

班主任制定班级活动总体规划，有利于引导班级活动朝正确的方向前进，也能保证学生在班级活动中得到持续的能量和动力。为此，可充分考虑学校德育活动安排并结合高一学生的年龄特征、年级特点和实际需求，提前确定高中三年班级活动的核心主题，并使之形成序列。

通常我是这样做的：高一由班委领衔组织，围绕"习惯和规矩"开展系列班级活动；高二由寝室联袂策划，开展以"感恩和责任"为主题的系列班级活动；高三以小组为单位组织，开展关于"梦想和坚持"的系列班级活动。

一个蓬勃向上、有朝气的优秀班集体，班级活动往往是多元、多彩、多维的，包括劳动活动、文艺活动、学习活动、体育活动、主题班会、实践活动等多种形式。但高中学生面临着较大的学业压力，为了保证班级活动的定期开展，也为了让每一个学生都重视班级活动，并愿意积极参与到班级活动中来，可把事先确定的班级活动时间和具体负责人写进"班历"，以保证每个月都有一次质量上乘的大型班级活动。至于具体活动形式，可让学生们自行选择，并鼓励学生创新。

以幕后指导培养活动主体

学生进入一个新的学校和班级，相互之间还比较陌生。这时，班主任必须充分发挥活动主导者的作用，深入了解班级，找到一个契合班级现状或富有教育意义的德育活动主题，亲自带领学生一起谋划，搞好第一次班级活动，以示范引领的方式让学生清楚班级活动的目标、方案、环节、规格等，也让学生们从内心深处重视班级活动，并培养学生组织班级活动的能力。

比如，开学初还没有形成良好的班风，我和学生一起策划举行了"高一，我来了""我所期待的班级""我能为班级做什么""自主管理，你行吗"等一系列建设班风的主题班会，现场呈现班情，畅谈感受，找到问题，共商对策，描绘班级的美好蓝图。经过一次次班级活动的强化，班级面貌很快焕然一新，呈现出良好的学风和班风。

在一次次活动中，我们逐渐形成了自己的活动设计流程：（1）我与全体学生一起精选活动主题；（2）由活动负责团队撰写活动方案；（3）我修改和完善活动方案，并对活动各环节的目标和任务加以明确与指导；（4）放手让学生主持并开展班级活动；（5）做好班级活动的小结，布置撰写班志的任务。

班级活动是学生充分施展想象力和创造力的舞台，班主任如果能够做好幕后导师，给予学生较多的自主活动空间，就能更好地培养学生的活动能力。

以漂流班志升华活动体验

好的班级活动能起到一定的德育效果，但活动体验往往是稍纵即逝的，要让班级活动持久地发挥它的德育功能，我倡导在班级活动之后再作深入回味，把每一次有意义的活动的照片制作成视频，让每一次值得沉淀的活动的体验变成文字，用镜头或文章让感性的体验得以升华，进而形成更深刻、更具意义的精神营养。

所谓漂流班志，就是班级活动的记事本，由一定量的学生活动过后所写的典型而深刻的感悟文章构成。通过漂流的方式，供学生们分享、点评，进而发挥班级活动后续的德育价值。例如，某次运动会后，学生们一直为努力拼搏却没进前三而垂头丧气，我把运动会的照片编辑成小视频，让他们再次欣赏到运动员的风采、啦啦队的精神、工作者的姿态，让他们领悟到比结果更让人感动的是过程。有学生在漂流班志中感言："一起笑、一起累、一起拼搏的日子最值得怀念，拿不拿金牌有什么关系？进没进决赛，又有什么重要？在沉甸甸的青春面前，输赢不过是一挥手就散去的过眼云烟。"读到这样有力量的文字，学生们很快振作了精神，并感受到了集体的温暖。

漂流班志，是班级活动之后的内心体验的交流平台，学生可以通过撰写心得表达自我，教育自我，实现德育内化；班主任可以借此及时了解学生的思想动态和内心需求；学生与学生之间可以分享活动心得，自由交流感情。可以说，漂流班志是更长久地实现班级活动的德育功能的载体，它也为班主任开展新的德育工作打开了一扇窗。

万事开头难，如果班主任在高一起始年级设计班级活动中，能够注重整体性、主体性和长效性，则有利于充分发挥班级活动的德育功能，促进优秀班集体的快速形成。

（范芝芝，浙江省宁波中学）

找准思路：贴合学生兴趣和心理需求

案例

精心"烹制"起始年级班级活动的"三道菜"

没有活动就没有教育，就没有班集体建设，就没有学生的发展。下面我就起始年级如何设计班级活动谈谈我的一点体会。

温暖的"餐前甜点"——激活和谐的班级氛围

起始年级的学生对学校、老师、同学都很陌生，情绪上多少有些紧张和不安。班主任在设计班级活动时要综合考虑学生此时的心理特点，活动形式不能过于严肃刻板，要营造一种轻松和谐的氛围，让学生感到亲切，从而增加彼此的了解和信任。因此，我设计起始年级班级活动的第一步就是给孩子们献上一道甜到心灵深处的点心，消除他们的紧张和不安感，消除隔膜，让他们尽快融入新的班集体里。

我把第一次班级活动"新同学，新集体"的场地搬到了户外的草坪上，孩子们对这样的活动安排感到很新鲜，拘谨感顿时消除了不少。大家围坐在草坪中央，我激情澎湃地对同学们说："欢迎大家走进新的班级，从今天开始我们就是好朋友了。看着大家灿烂的笑脸，我想高歌一曲：'只是因为在人群中多看了你一眼，再也没能忘掉你容颜……'"部分孩子被我的歌声所感染，轻轻哼了起来，轻松的氛围慢慢酝酿出来了。我接着说："缘分让我们走到了一起，组成一个新的班集体，我希望集体中的每一位成员都能如兄弟姐妹般互相关心着、帮助着；互相鼓舞着、照顾着，一起长大、成熟。我相信集体因你而闪光，因你而多彩，因你而绚烂。"孩子们专注地聆听着，似乎开始思考对新集体的责任。我的一番话就像一把唤醒学生沉睡已久的心灵的钥匙，顷刻间，大家的话匣子打开了，开始轮流介绍自己的性格、爱好以及对新班级的期盼。讲到精彩的部分，大家不约而同鼓起了掌。伴着温柔动人的清风，我们班的第一次活动就在欢歌笑语中结束了。

充实的"营养午餐"——明确活动主题目的

活动目的就像指南针，指引着我们顺利开展班级活动，让活动变得有意义，达到我们想要的效果。所以，在设计每次起始年级班级活动时，我都要首先明确活动目的。

起始年级设计班级活动的目的就是让孩子从陌生到熟悉、从被动到主动、从松散到团结。因此，在开学后一个月的时间里，我设计了一系列目的明确的班级活动。

第一周活动是"我和新班有个约会"。活动目的：拉近学生之间的距离，让学生加快融入新的班集体中，营造民主平等、和谐融洽的班级氛围。

第二周活动是"我们的班干部诞生了"。活动目的：把自主权还给学生，让学生学会自我管理和自我教育。让学生积极民主地参与班集体生活，培养学生的民主意识。

第三周活动是"我的地盘我做主"。活动目的：学生自主制定符合本班需求的规章制度，充分发挥学生的主人翁精神，增强班级凝聚力。

第四周活动是"打造温馨的家"。活动目的：让孩子们亲自参与办板报、布置教室等活动，充分施展他们的才能，收获一个温馨的"家"。

明确了班级活动目的，做起事来就得心应手了。

精美的"专属特色菜"——进行班级活动延伸设计

班级活动结束后，留给我们许多回味：学生收获到的远比自己想象中的多，那么有可继续利用的延伸价值吗？经过思考，我尝试在起始年级班级活动结束后进行活动延伸设计。

有一次，我们开展了"与经典同行，与名著为伴"的世界读书日活动。这次活动，激起了学生读书的热情。为了让读书热情持续不减，让阅读走进学生心灵，让读书成为一种时尚和习惯，让喜爱读书的学生成为学校一道亮丽的风景线，我决定把班上本来给老师放教具的小柜子改造成图书角，希望学生从新班级出发，心有书香。为了培养孩子们的集体主义精神，打造新班级的团结力，我主要挑选红色书籍，通过自己购买和家长捐赠的方式，共筹集了50册书，如《钢铁是怎样炼成的》《小兵张嘎》等。此外，我特意把柜子漆成了朱红色。每天中午都有一段专门的时间，孩子们自觉从书柜拿出书，认真阅读起来，有时大家还围在一起讨论自己所看的红色故事、革命历史。这项活动潜移默化地对学生进行了红色文化熏陶，培养了他们勤奋学习的品质，以及爱新班、爱新同学的集体主义思想，起到了润物细无声的作用。这也为之后新班级顺利开展其他工作打下了坚实的基础。

精心"烹调"起始年级班级活动的"三道菜"，是治愈新班级一盘散沙局面的一剂良药。班主任抓住它，好好利用它，能够更容易、更迅速地打造一个团结强大的班集体。

（谢楚楚，福建省南平市延平区来舟中心小学）

抓住重点：做好起始阶段活动设计

案例

起始年级班级活动设计的四个"一"

起始年级学期初的教育内容和成效将为孩子在新环境里的成长打上底色，我们不能不慎重。苏霍姆林斯基说，在我们的劳动中，最核心的是把自己的学生视为活生生的人。教学——并不是把知识从教师的头脑中搬入学生的头脑，而首先是教师和学生的活生生的人际关系。其实，班主任工作更是教师和学生的活生生的人际关系，所以我们的班级活动要从认识"人"、从构建师生间的"人际关系"开始。

一封书信，让师生拉近距离

起始年级的学生最想了解的应该是班主任，他们对班主任一定充满着好奇。为了尽快让学生认识我，在新生报到之前，我会主动给还未谋面的学生写上一封信，详细地介绍自己，并试着去阐释学生的姓名所蕴含的美好期望。

在信的开头，我会这样说：

能够成为你的新班主任，我很幸运。我希望能给你带来知识的同时也带来快乐。我是一位工作了12年的语文老师，做班主任工作也是12年。在你们之前，我已经完整地送走了四届高中毕业生。你们一定希望早一点知道"新班主任是一个什么样的人"，下面我就详细地做一个"自我介绍"。

信的正文部分，我会谈谈自己高中和大学的上学情况，更会聊聊毕业的几届学生在这个学校的点点滴滴。然后，我会把我的班级管理理念和思想告诉他们。最后，我希望他们给我回一封信，谈谈自己的过去和现在，谈谈自己的理想和未来，谈谈自己的家庭等。

书信往来，是纸上聊天，可以想好了再说，孩子的恐惧感也会随之减少，真正的了解和信任也就开始了。

一本旧书，让阅读传承下去

李镇西老师会给起始年级学生送上一部自己撰写的作品作为见面礼。作为一名普通的班主任，我没有自己的作品。不过，我也希望我的每个学生养成爱阅读的习惯，并且希望学生的阅读习惯能够一届一届地传承下去。于是我就购置一些图书，组建了教室图书角。学生自主借阅图书，阅读完一本书，要写一点读书感悟，夹在这本书里面。每一本书，都会留下不同学生的阅读心得，这样无形中就形成了"阅读接龙"的游戏。后面阅读的学生会先看看别人的评论和心得，在好胜心的驱使下他会更加认真地去对待这本书，并尽可能写出更加深刻、更有深意的评论和心得。

于是，每届新生到来，我会搞一个班级图书"认领仪式"。在仪式上，师生一起交流阅读经历和阅读意义。最后，每个学生到图书角去"认领"一本自己最喜欢的书，然后认真阅读书的内容与书本里往届学生写的阅读评论和心得，把"阅读接龙"游戏玩下去。

现摘取《我们仨》的阅读心得：

一楼：一个寻寻觅觅的万里长梦，一个单纯温馨的学者家庭，相守相助，相聚相失。在梦里，杨绛与钱钟书失散了，醒来钱钟书告诉她：这是老人的梦，一个长达万里的梦。读到后面"我一个人思念我们仨"，总有一种想哭的感觉。

……

N楼：一本书，一段人生，现在的我们正在谱写属于自己的人生，每一天都会是不同的色彩。时光飞逝，奋斗不息。希望我们每个人都能从这本书里汲取力量，进而去谱写自己的辉煌。

这样，通过书的传承，可以让新生在阅读心得里找到精神上的知己，给灵魂一个安置的地方。

一段友谊，让新生有了依靠

结伴同行，才不会孤单。接手每一届新生，我都会开展"老生"和新生的"手拉手"联谊活动。开展这个活动的目的依然是帮助新生消除对新的人文环境的恐惧感。

"老生"包括两类：一类是已经毕业的学生，一类是在读的高二、高三学生。

接手起始年级班级的第一次班会，我会把任务交给暑假前刚送走的高三毕业生。九月初，他们之中很多还没去大学报到，这时他们会非常乐意来谈谈高中三年的生活和学习。班会分三个阶段：首先，是几个毕业生回顾高中生活；其次，高一新生就自己关心的问题向老生提问，老生详细地一一作答；最后，大家互留联系方式，结成老生和新生的友谊联盟，在以后的学习生活中，新生可以通过电话、信件、QQ、微信等方式向老生求助。

新生对新的校园环境也会很感兴趣，我便邀请在校就读的高二、高三学生利用闲暇时间，带领我班新生游览校园。有一届学生高一时，我就设计了一个寻找"校园八景"的主题活动。活动把学生分为八组，每组选派一位高二学长当向导；每组到校园里去寻找一个景点，学长给新生讲解该景点的文化内涵，然后新生谈景点游览的心得体会，并和学长一起以该景点为背景合影；接着，八个小组回到班级，向全班同学汇报寻找"校园八景"的过程和收获，并展示图片；最后，我把"校园八景"——钟园、灵园、蕴园、泽园、毓园、秀园、留园、芳园合在一起，跟新生们说，这就是我们学校的校训——钟灵蕴泽，毓秀留芳。

这样以游戏的方式组织活动，促使学生不仅认识了校园，了解了校训，还收获了和学长的友谊。

一个班名，让集体初步形成

一个新班集体的形成，首要条件就是要有全体成员认可的班级文化。因此，班级文化建设就要提上日程。正如一个婴儿的出生，需要一个代号——姓名一样，班级文化建设也应该从"给班级起一个温暖的名字"开始。"给班级起一个温暖的名字"是我们新班级文化打造系列活动的总主题，具体活动有书写班训、班级命名、设计班徽、设计班旗等。每个学生都要规划一下我们新班级未来的模样。

书写班训

为了能够书写好符合我们班级实际并能切实有效地促进班级发展的"班训"，我们首先组织全体学生交流"理想班级的样子"：

"应该是一个安静舒适不会受到干扰的地方……"
"应该是每个同学都积极进取，都充满浓浓正能量的地方……"
"应该是每个人都有高远的梦想，并为了梦想勇往直前的地方……"

通过主题班会交流，我们会发现学生对理想班级的展望主要集中在"梦想"和"现实"两个方面。在"梦想"方面，有学生提到了海子的诗歌

《以梦为马》，特别提到以下几句诗：

> 和所有以梦为马的诗人一样
> 我选择永恒的事业
> 我的事业
> 就是要成为太阳的一生

经过讨论，我们把班训前四个字定为"以梦为马"。

在"现实"反省方面，学生喜欢汪峰的歌曲《怒放的生命》中的几句：

> 曾经多少次失去了方向
> 曾经多少次破灭了梦想
> 如今我已不再感到迷茫
> 我要我的生命得到解放
> 我想要怒放的生命

争鸣和妥协后，在立足现实方面我们确定了班训的后四个字是"怒放生命"。顺便，也就把《怒放的生命》暂定为我们的班歌。

设计班徽

班徽的设计比"书写班训"复杂多了。班徽的主图案应该是什么呢？小组讨论出的草案分为很多种，大致归成三类：静态的物品，比如小船和飞机；繁盛的花木，比如向日葵和橄榄树；活跃的动物，比如狮子和苍鹰。

班徽设计持续的时间比较长，探讨了好几周。当时，我们的语文课在上曹文轩的《前方》，我无意中给他们播放了齐豫的歌曲《橄榄树》，学生立马喜欢上了这棵"橄榄树"：

> 为了天空飞翔的小鸟
> 为了山间轻流的小溪

为了宽阔的草原

流浪远方　流浪

还有还有

为了梦中的橄榄树　橄榄树

……

于是，全班一致同意把橄榄树作为班徽的主图。然后，再次召开主题班会，寻求对班徽最恰当的阐释：

2016级高一（1）班，班名：橄榄树，班级有49位同学。班徽主图是一棵遒劲茂盛的橄榄树。树上49片叶子，寓示我们是一个整体，分开来看大家只不过是一片不起眼的树叶，抵挡不了风吹雨打。团结就是力量，团结才可以经历风雨，才能遇见彩虹。

在新的环境里，我们要切实有效地利用好起始年级的学生"希望有个好的开始"的心理，让教育得以实现，进而建构新的班集体。

（李刚，江苏省南京市溧水区第二高级中学）

案例

我的高一迎新三部曲

每个准高一学生开学前都在憧憬想象：我会遇到怎样的老师？同学们会喜欢我吗？高中生活会顺利吗？这样的期待一旦遭遇落差，学生便会在新环境中滋生焦虑和不适。每个准高一学生，开学前也都会暗下决心：我的高中生活一定要精彩！这样的决心如果得不到持续的支撑，学生便会在短暂的新鲜感后产生懈怠和疲倦。

让学生对环境有认同感、对班级有归属感、对自身发展充满信心，是高一起始年级班级活动开展的三个重心。围绕这三个重心，我设计了迎新三部曲。

迎新小插曲

开学报到不只是一个或繁或简的流程，它其实也为班主任提供了一个德育契机。如果在报到流程中设置一些小环节，就有可能在报到当天激起学生对新班级的归属感、自豪感和亲切感，为班级发展和凝聚力的尽快形成打下基础。

在历年的新生报到工作中，我一般会穿插"个性座签"和"爱心学长"两个小环节。

个性座签

按照我校高一起始年级分班的惯例，班主任要等到学生报到的前一天才知晓班级学生的名单，且名单上除了学生姓名和性别外没有其他信息。拿到名单后，我就开始编写座签（见下图）。座签上的学生姓名和班主任寄语都是手写的，因为手写更能让学生感受到老师的用心，同时也对书写不太好的学生起到表率和鞭策作用。班主任寄语都是根据学生姓名而作，包含对学生的鼓舞和期望。

高XX级XX班欢迎你

- 姓名：XXX（班主任书写）

- 班主任寄语：（班主任书写）

- 我的爱好：（学生补充）

- 我最爱的一本书：（学生补充）

- 我最喜欢的一句话：（学生补充）

- 我理想的大学、专业：（学生补充）

座签样例

报到当天，学生按座签入座，然后将其余信息补充完整。让学生补充信息实际上达到了三个目的：（1）促进相互了解；（2）推荐一本好书；（3）完成一个简单的生涯规划——梳理过去和谋划未来。与此同时，学生能够通过座签较快熟识，从而加快新集体的形成和发展，科任教师也能在第一天就叫出学生的名字，促进师生交流和良好师生关系的发展。

爱心学长

每逢新高一年级开学，我的部分当年高中毕业的学生（尤其是留在本地上大学的学生）都会在开学当天回到母校，帮助学弟、学妹们报到。他们为此专门建立了一个"爱心学长"QQ群，提前与我联系，商讨人员安排、环节设置等细节。报到当天，他们分成接待咨询、住宿安排、一卡通办理、新闻采访等小组，负责新生报到的各个流程，成为一道独特的风景线。

有了他们的帮助，我班的新生报到工作自然更顺利。新生和家长不仅可免于一些因不熟悉环境而产生的困扰，而且在与学长的交流中，他们还体会到了我所带班的独特的班级文化，对即将加入的新集体心生向往。有的学生还因此找到了学习榜样，坚定了大学目标。

清华欢迎你

新生报到后，除了按常规组建临时班委等活动外，我还要设置一些让学生尽快了解学校和班级文化的活动。爱上学校、爱上班级，新生才能更主动地融入环境，热心新班级的建设和激起高中阶段学习奋斗的持续内在动力。"清华印象"和"走进××班"是我在这一阶段的两项保留活动。

清华印象

我校创建于抗战的烽火岁月，与清华大学颇有渊源，有保存完好的历史建筑群；同时我校还是全国绿色校园、重庆市森林校园、巴南区城市自然生态保护区。她深厚的人文底蕴和优美的自然风光孕育了一个得天独厚的育人环境。因此，我们会安排新生集体参观校史馆、游览校园。

参观校史馆之前，我会组织学生观看校史纪录片。有了影片信息的铺垫，再配合以讲解，学生在校史馆就更能体会到学校在不同历史时期的沧桑变迁，被一代代清华人"自强不息，厚德载物"的精神所感动鼓舞。

参观完毕，全班来到报告厅。我们的音乐老师和语文老师已恭候多时。音乐老师要给我们献上一课——"校歌赏析"，语文老师要带领大家一起品读《清华校友诗词精选》。歌词和旋律再次把学生们带回了刚才参观的一幕幕场景，不同历史时期的校友诗词又让大家追忆起了学校走过的峥嵘岁月。此后，学生们唱校歌便有了情感，胸中也有了"明日清华以我为荣"的豪迈。

接下来，学生们按照事先分成的小组，开始游览校园。曾经有老师疑惑：以后三年学生天天都在学校，搞这个活动有必要吗？事实证明：以后学生们再也不会像这次一样认真地看。经过音乐、诗词的熏陶，大家更会用欣赏和敬畏的眼光来观察校园的一砖一瓦、一草一木。每个学生都有同样的任务：寻找校园最美的风景，探索每一幢老建筑的历史。学生们拍照、绘画，校园里留下了他们的欢声笑语。

游园完毕，任务却还没有结束，每个学生还需要完成一张海报——"清华印象"。他们把照片、绘画等进行整理加工，配之以文字，留下了珍贵的记忆。学生们的精美作品无不在传达——他们爱上了清华。

走进 ×× 班

每一届新班级建立之初，我也会开展起班名、设计班徽、撰写班级日志等活动，但是在这之前，我会让学生了解一下我以往的班级文化建设情况。"走进 ×× 班"便是这样一个活动。

活动由"爱心学长"志愿服务队的成员主持，大概分为四个环节："来自学长的祝福""×× 班的三年""你说我说""赠送班级文化册"。

"来自学长的祝福"是一个视频，剪辑合成了学长所在班已经到各个大学报到的学生们在大学校门前录制的祝福。"×× 班的三年"用 PPT 展示了这个班级三年的喜怒哀乐、活动开展和各项成果。"你说我说"是一个互动问答环节，学生们就一些高中学习、生活等问题和学长们进行交流。最后，学长们会向新班级赠送《××班班级文化册》。这个班级文化册是一个简易印刷本，由刚毕业的班级的学长们精心编辑，展现了该班三年心路历程、班级日志精选等内容，其中最后一页是"爱心学长"迎新报到当天的活动情况。新生班级的负责人从学长代表手中接过文化册，则有薪火相传的寓意。

活动的初衷原本只是想通过介绍刚毕业的班级，给新生班级的学生一个参照样本，提供一些既有经验，但后来我发现，活动之后学生们对班级事务的参与热情更加高涨了，对自己的高中生活和整个班级未来的发展也多了一些憧憬和期待。

生涯规划萌芽

高中生生涯规划意识欠缺是一个普遍现象。有学生开学时豪气万丈，却无奈中途退学；有学生看似努力，内心却找不到持续的动力和清晰的目标；有学生拼命提分，最后却被志愿填报弄得一筹莫展……。要处理好这些问题，就必须抓好生涯规划教育。

高中生涯教育的开展要分阶段进行，起始阶段的生涯探索不容忽视。在高一起始年级，我开展的生涯教育活动通常落实到一个目标，即引导学生发现个人特质、潜能，并思考它们与生涯发展的关系。比如，我会设计一次模拟社团招新的班级活动，让学生根据自己的兴趣选择适合自己的社团。活动的目的在于让学生了解霍兰德职业兴趣理论，依据霍兰德职业兴趣代码来认识自己，思考自己适合怎样的社团及可以有怎样的职业发展。

良好的开端是成功的一半。在高一起始年级开展这样的活动，有助于逐渐增强学生的生涯规划意识，促进学生自我认知和自我觉察，并以此为基础制定合理清晰的发展目标，形成个人发展源源不断的内在动力。

（谭小刚，重庆市清华中学校）

学会借力：用好学校各项活动平台

案例

起始年级活动设计要学会"借台唱戏"

每个班主任都想组建一个团结向上的班级，各种各样的班级活动是促进团队形成的关键。因此，在起始年级设计各种高质量的班级活动至关重要。我认为，起始年级活动设计可以试试"借台唱戏"。

借"大舞台""唱大戏"

所谓"大舞台"，即学校举办的各种大型活动。而"唱大戏"，即在大型活动中解决班级中的重大问题。也就是说，起始年级班主任需要利用好学校已经设计好的大型活动，在其中加入自己的个性设计，就能形成非常棒的班级活动。

以军训为例，军训几乎是每所学校起始年级的规定动作，虽然辛苦且责任重大，但是换个角度想，借军训这个大舞台，我们可以通过一些个性设计唱一出大戏。这出戏唱好了，后面班级的各项工作就会很快步入正轨。

第一，穿插"心理游戏"。一个班级新组建时，学生们最需要的便是打破陌生感，迅速融入集体。军训期间尽管时间紧张，但一般来说还是会给学生一定的休息时间及各班开展班级活动的时间。班主任可以提前设计一些适合全班学生玩的心理小游戏，帮助大家打破尴尬，迅速融入集体。比如，"滚雪球记人名"（迅速记住新集体中同学名字及同学爱好）、"同舟共济踩报纸"（打破尴尬迅速熟悉）、"怪兽拼图"（形成团队并培养班干部）、"生日线"（帮助学生对班级形成家庭感）等。

第二，穿插"生涯规划"。起始年级的学生对于未来三年的学习生活较为陌生，既有期盼又有担忧。军训期间，如果班主任能够带着学生进行三年的生涯规划，会帮助学生迅速融入并规划新的学习生活。比如，可以开展"生命线""舒伯彩虹图""个人风格决策类型测试"等生涯规划活动。

通过设计各种活动，班主任既可以建立威信，又可以了解学生，对后面班级各项工作开展也非常有益。

类似地，很多学校都有自己的大型传统活动。以我校高一为例，有运动会、"一二·九"革命短剧表演等活动。这些活动有些需要班主任参与，有些不要求班主任指导干预。建议起始年级的班主任们在学校要求的基础上，进行一些符合班级个性的设计。这样学校的大型活动就不再是"摊派"的任务，而是我们主动参与设计的活动，对班级的发展更有作用和意义。

借"小舞台""唱小戏"

所谓"小舞台"，指的是学校规定的每个班必须完成的日常活动，比如，卫生检查、跑操做操、开班会等活动。在学校提供的这样的小舞台上，班主任可以组织学生"唱小戏"。

以卫生检查为例，卫生检查可以说是学校提供的性价比最高的"班级管理神器"，要学会利用这个舞台来唱自己的戏，设计自己班级的卫生值日常规活动。比如，可以针对卫生值日进行评选嘉奖。每月可以进行一次卫生值日评选，选出当月的"擦黑板小能手""扫地大拿""拖地大神"等，奖品可以是一支笔一个本。这种对细节的重视，不仅能让学生明白，班主任是一个较真且重视细节的人，而且他们的习惯也会慢慢改变。同时，一个班级卫生做得好，能屡次拿到"流动红旗"，班级荣誉感也会增强（事实上我们会发现，卫生做得好的班级，往往其他活动表现也比较好）。

再以班会为例，班会应该是学校规定的常规活动。班主任在设计班会的过程中，可以结合起始年级及自己所带班级的特点，设计符合班级特色的班会活动。可以先以起始年级为特点设计几个班会系列，比如，"学习之旅"系列（邀请高年级学长分享学习经验，使学生尽快适应新的学习节奏等）、"情感教室"系列（邀请心理教师做相关活动，帮助学生在新集体中调适心理压力）等。此外，根据自己所带班级特点，设计几个班会系列，比如"极速前进""体验社会"系列（适用于学生总体比较乖巧但较为沉闷的班级）、"读书会""文学圈"系列（适用于学生总体活跃但不太踏实的班级）。抓住起始年级特点以及本班学生特点，设计系列的班会活动，会使得班会活动开展得丰富多彩且高效有益。

每一次活动，班主任要学会动员学生积极参与，用这个平台打造班级的一张名片。这带来的不仅仅是荣誉，更多的是班级的成长。

"借台唱戏"是一种工作态度，更是一种提升班主任工作效率的方法。"大舞台"大作为，"小舞台"小作为，起始年级班主任可以抓住起始年级特点，利用好学校给的平台，再结合本班学生特点，设计好系列班级活动，这样自然能够建设出积极向上且有自己独特风格的班集体。

（杨俊，清华大学附属中学）

专家视点

科学设计班级活动　促进学生学校适应

班级活动是指教育者为了实现一定的教育目的，在学科教学以外，组织班级全体成员参加的教育活动。班级活动的目的是让学生获得经验，并实现行为或行为潜能的转变。所以，学生才是班级活动的主体。活动的选择与设计要考虑学生成长和发展的需要。

　　那么，在中小学的起始年级，学生有哪些成长和发展的需要呢？此阶段学生的主要挑战在于适应新环境和新角色，所以班级活动的主要目的就是帮助学生适应学校。要达成这个目标，可以从两个方面着手：一是从学生的角度，提高其自身的适应能力（包括人际适应、环境适应、学习适应等）；二是从环境入手，为学生营造一个包容、接纳、支持和分享的班级氛围。有关提高学生入学适应能力的主题放到后文介绍，接下来，笔者以营造班级氛围为例，介绍确定活动主题的方法。

确定活动主题的方法

　　确定活动主题的方法就是进行"手段—目的"分析：活动的目标是什么？要达成这个目标需要采取哪些手段？班级的本质是一个小群体，根据社会心理学的群体理论，提高群体（班级）的凝聚力，可以从以下几个方面来考虑。

制定共同的规范
这可以通过讨论班规、设计班徽等系列活动来实现。

有共同的利益或者面临外部压力
共同的利益是合作与互助的基础；面临压力时，群体内部就会更加团结。老师可以利用学校运动会、军训以及知识竞赛等契机组织活动。

成员之间彼此喜欢
我们喜欢哪些人：与自己相似的人；熟悉和了解的人；喜欢我们的人。人们喜欢与自己相似的人，以增强自我价值观。

　　有人做了一项研究，让被试在没有见到对方的情况下共同合作完成一项任务。实验期间，主试假装不经意地泄露合作者的个人信息，比如血型、星座、家乡或者毕业院校，最后再让被试对合作者进行评价。结果发现，只要对方的个人信息中与被试存在相似性，就会大大地增加被试对合作者的积极评价。那么在班级活动设计时，就可以将这一项原理转变为具体的班级活动。例如，"找相似"活动，设定不同的角色（跟自己性别不同的人；从未说过话／很少说过话的人），让学生轮流去采访，找到自己与对方的三个共同点。

"曝光效应"表明我们喜欢那些熟悉（曝光度高）的事物，因为熟悉和了解意味着安全。班主任可以考虑设计一些自我表露或分享的活动，以提高班级学生的曝光度。如设计一张四格表，让学生在表格里依次写上三个形容自己的词（自我概念）、最得意的三件事（自我价值感）、最希望的三件事（理想和目标）、最喜欢或讨厌的三件事（个人价值观和偏好），然后在小组内部交流。

在群体内受益

行为主义理论认为，个体的行为和态度会受到外部刺激的强化。如果班级活动能给予学生积极的刺激（正强化）或消除厌恶刺激（负强化），那么学生参与班级活动的积极性就会提高，同时也会对班集体产生积极、愉悦的情绪。

负强化是指消除个体厌恶的刺激，比如减轻压力、帮助排除困难等。以情绪调节活动为例，可以请学生们将自己的烦恼写在纸条上，在小组内分享，其他成员在倾听的同时出谋划策，帮助彼此排忧解难。

正强化则是给予个体喜欢的刺激。正强化物有多种选择，可以是直接的物质奖励，也可以是社会性强化物，比如，接纳、拥抱、微笑、表扬、赞美等。北京市中关村第二小学的于跃红老师设计了一个优点大轰炸游戏：先请一位比较缺乏自信的学生充当"轰炸目标"进行示范，让全班同学列举他的优点；然后将全班同学进行分组，在小组内开展这个游戏。

活动设计的原则

活动主题确定以后，接下来就要将其转变为具体的活动环节。那么，设计具体的活动环节和内容应该遵循哪些原则呢？

活动性

班级活动本质上属于教育活动，有别于传统的学科教育，需要以活动的形式呈现。所谓活动，是由共同目的联合起来并完成一定社会职能的动作的总和，从眼、耳、手等多种感觉器官的运用，到身体躯干的变化，甚至是双脚的移动。传统教育是让学生的头脑获得新的概念、观点，先实现认知的转变，再落实在行动上。在这个过程中，学生的身体是被"边缘化"的，要么被限制——安静地坐着，要么被当作是获得知识的"工具"或者承载心智的"容器"。

近年来，具身认知心理学的研究发现，我们的身与心是一体的，身体的活动同样可以反馈到头脑，引起认知和情绪的变化，也就是说学习可以从身体活动开始。如果要求某人发言时将手放到心脏部位，会比放到肩上更少地说谎或欺骗；如果要求某人在看到目标时竖起大拇指，他就会对目标有更加积极的评价。

老师们在设计班级活动时，要拓展思路，从身体活动开始，实现学生心智的转变。比如，要让学生意识到团体协作的重要性，可以利用"人椅"活动，让学生围成一圈，将自己的双手搭在前面同学的肩膀上，然后半蹲坐在后面同学的大腿上。这样，每个人既是支撑者，又是被支撑者，只有同时兼顾好自己的两个角色，团体才能保持稳定。通过这个身体活动，学生体会到了团体成员相互配合的意义。

此外，活动性还强调学生的发现和体验，老师的任务是组织和设计活动，将已有的规律、定理转变为未知的探索活动，还原实验、推理的过程，让学生亲身参与、亲自验证。以归类记忆策略为例，老师可以设计两种材料给学生记忆，一组记忆归类整理的，一组记忆无序的。然后对比两组的记忆效果，让学生体验组织策略对记忆效果的影响。

序列性

老师在设计活动时，需要有一个整体的思考和计划：在不同的学习阶段应当达成哪些目标，这些目标通过何种活动来实现。笔者以第一学期新生入学适应为例，简要列举小学和初中阶段的活动主题（见下表）。

新生入学适应班级活动主题

阶段	班级文化建设	环境适应	人际适应	学习适应
小学	③学校里应该／不应该做的事情	④校园寻宝	①认识新同学	②家校联系卡的使用；跟家人讲述我的校园生活
	⑥颁发"优点卡"并阐述理由	⑧画校园	⑦借用物品的社交礼仪	⑤注意力训练
中学	②制定班规，制作班徽	④我的校园足迹	①找相似	③制订新学期计划
	⑤小组建设：优点大轰炸		⑥传递密码 ⑧受欢迎的男生／女生	⑦学习记忆策略

注：活动前的序号表示活动安排的先后顺序。

首先，围绕入学适应进行活动主题的设计。如上表所示，新生入学适应可以从班级文化建设、环境适应、人际适应和学习适应四个方面入手。具体而言，新生需要知道（或者制定）班级的规则；认识新的学校环境；认识新同学，能跟同学进行沟通交流；完成学校的学习任务。

其次，结合学生的发展特点和需要，对活动内容和环节进行细化。以小学生认识新同学为例，如果老师提前收集学生们的照片，让其他同学提问：你对他好奇吗？你想知道什么？这样，每个人的介绍内容都可能不同，学生们的参与程度也会很高。到了初中阶段，学生的自我意识增强，自我介绍活动会让大部分学生感觉尴尬，此时采用"找相似"的活动，能让学生自然地结交平时接触比较少的同学，能有效地拉近同学之间的距离。

再次，根据活动目标的重要程度和可行性，安排活动的顺序。以班级文化建设为例，新班级成立后，建立班级规则非常重要。在中学阶段，这个活动可以安排在第二顺位。而小学生的认识水平有限，让他们保持对学校与班级的积极情绪和态度更重要，因此对于小学生，采用逐步释放规则的方式，让学生慢慢学习，大约半个月后再让学生去总结出班级中应遵守的规则。

专业性

专业性是指班主任要了解活动主题背后的理论知识和科学规律。比如，在设计情绪调节课程时，让学生们写下让自己高兴和不高兴的事情，建议大家在情绪低落时，就多想想开心的事情；或者把课程名称叫作"消除坏情绪""不生气的智慧"等。这样的设计就违背了专业性，简单地将积极情绪和消极情绪与对、错之间做了对应。实际上，愤怒等消极情绪具有很强的适应意义：我们愤怒通常是因为自己的利益或尊严受到了侵害，表达愤怒是在告诉对方"你做得过分了，我不允许你这么做"，这恰恰是在保护自己。

人们排斥愤怒，是因为愤怒的一方通常采用批评、指责、攻击等方式，导致人际关系破裂。表达愤怒并没有错，错在于方式不当。比较建设性的做法是，使用"我向语言"（I-Statement）——"当你（好友）叫我的绰号时，我觉得受到了伤害，我希望你停止这样的行为。"真诚地表达自己的感受，并反馈给对方；同时温和地指出期望，提供解决冲突的策略。老师在设计情绪调节活动时，应当引导学生接纳自己的消极情绪，并练习使用"我向语言"。

如何保障活动设计的专业性呢？广泛阅读书籍资料，提高理论水平；跟有经验的老师或专业人士沟通、交流。

可行性

可行性是指一项活动在当前的班级环境中能否有效地执行，包括：学生的身心发展水平能否完成活动任务？是否具备活动方案中涉及的器材、场地？老师能否执行？

李镇西老师在他的"未来班"的实验中，让学生们到校外的岷江之滨和乐山大佛对面的绿岛上进行"文学写生"，将自己感受到的自然美，用文字表达出来，并利用假期与学生一起旅行，形成了"文学性"班级特色。然而，这样的班级活动是很难推广的，因为大部分老师都无法做到。

无法执行并不意味着只能"望洋兴叹"，进一步分析，我们会发现李老师构建班级特色的理念——利用自己的专业优势，挖掘环境资源和学生资源，因地制宜，为学生创设亲身体验的机会。我们可以借其"魂"而非"形"（表面的、具体的活动内容）。比如，展示高年级班级文化建设的成果照片或带学生们参观校史馆，作为本班活动的参考素材。

研究性

研究性体现在两个方面。首先，设计活动前要了解学生的需求以及与活动目标相关的理论。前文在介绍"营造班级氛围的活动"时，遵循的就是"目标—理论—手段（措施）"的逻辑。想要营造良好的班级氛围应该遵循哪些原理？这个问题属于班级管理以及社会心理学（群体理论）的范畴，老师就需要查阅相关书籍资料，了解班级凝聚力的理论，然后将理论思想转变为具体的教学或活动手段。其次，实施活动过程中，要通过观察、调查等方式，了解学生的参与情况和活动效果，并对活动中的问题进行反思，进而对活动进行改进。

于跃红老师实施"优点大轰炸"活动时，发现有4—5个孩子不太愿意参与活动。有的是因为平时爱打人，担心同学们不愿意夸自己；有的是因为缺乏自信，觉得自己没什么优点。于是于老师就在班级里讲解"好学生"的正例和反例（打架）。班会结束后，其中一个爱打架的孩子主动找到老师沟通自己不受欢迎的原因，开始反思和控制自己的行为。另外，老师还鼓励退缩的学生参与班级戏剧表演，使其在活动中学会与同学交往。

以上所有的原则和方法都是一种理想化状态，在设计班级活动时，最重要的一条就是进行理性思考。老师们在自己的教学工作中，已经积累了很多经验，也逐步形成了自己的工作模式，当我们采用这些既有的活动模式时，不妨思考：活动的效果如何？如果有效，背后的原理是什么？这种效果能否在不同的情境下得到重复验证？带着这种理性思考，我们就能把工作经验变成可靠的科学规律，在今后的工作中继续推广！

（张俊，首都师范大学初等教育学院讲师）

3

班级文化建设不知从何入手，怎么办

从班级显性文化建设入手

案例

取名制徽，悟静致远

　　班级文化就像一首乐曲，记录着学生成长的足迹；班级文化就像一阵绵绵细雨，滋养着学生的心灵；班级文化就像一把金钥匙，开启学生的心扉。我深知，班级文化建设对学生的思想引领、健康成长起着举足轻重的作用。因此，在班集体建设中，我与学生共同创造了适合我班的班级文化，用文化来塑造我们的心灵乐园，而首要的便是带领学生制作班徽。

　　在学校的长廊上，你会发现每间教室的门口都挂着一张班级名片，名片上的内容包括：班名、班主任寄语、班级宣言、课程表以及"全家福"照片等。这是学校文化建设的一道风景，更是引领学生成长的风向标。学校每年都会更新班级名片，为学生的心灵注入新的血液。今年，我要让学生为班级取一个怎样的名字，作为本学年的思想引领呢？为此，我召开了一个主题班会，让每位学生给班级取个名字，并说出用意。

　　班会上，我们班的"阅读大王"小俊率先站起来，大声说道："我们就叫'致远62'班吧！"大家齐声问："为什么？有什么含义吗？"小俊不慌不忙地解释道："诸葛亮曾经说过：非淡泊无以明志，非宁静无以致远。我觉得一个人想走得远，飞得高，必须内心宁静，静心思考，静心做事。"我称赞道："不愧是我们班的'阅读大王'，都能借用古文取名了。"接着，一位女生说道："这个名字很适合我们班，因为我们班比较活跃。在读书时，总会伴随着嘈杂的声音，正好用这个名字提醒大家'宁静才能致远'。"

听完二人的解说，学生们窃窃私语，似乎都赞同这个名字。于是，我让大家举手表决，果真大部分学生都举手赞成。于是我们将班级命名为"致远62"班。班名既出，便要对其进行更深入的解读和诠释，以便让学生们言行一致，给班级名字真正赋予文化内涵。因此，我想到了制作班徽，让班级的班规、通知、公告、奖状、表扬信、手抄报都盖上班徽的图章，让学生随处可见"致远"二字，达到时刻提醒自己要做到"宁静而致远"。于是我提出了请学生们设计制作班徽的想法，并要求要体现我们的班名内涵。

下一周班会时，学生们带来的设计作品着实令我大吃一惊，他们设计的班徽不仅制作得很漂亮，而且还很有创意，并注明了设计意图。全班师生商讨后决定以投票的方式进行表决，最后选定小敏的设计方案作为班徽（见下图）。

班徽

这款班徽设计方案简洁大方、色彩鲜明、富有动感。整体上看是一个圆形，蕴意"无规矩不成方圆"；里面由两条橄榄枝环绕着，代表六（2）班34名同学和睦相处、团结一致、勇往直前的精神；中间是数字"六2"，好似一个运动员，寓意"我运动，我健康，我快乐"。运动员的头部，象征着我校的特色球——乒乓球。在数字"六2"的左右两侧注有本班班名"致远"，警醒学生要"宁静而致远"。班徽的基本色调是红、蓝、绿。红色，代表我们是一群活泼开朗的孩子，对世界充满着爱；蓝色，象征着我们纯洁无瑕、心存高远；绿色，代表我们珍惜生命，热爱生命。图案的下方是一片蓝色的海洋，寓意着我班班训：学习像海洋一样，学无止境。

历经两次班会，我们班终于拥有了自己的班名和班徽。虽然在讨论与制作过程中，大家有过争执与分歧，但在看到最终成品时，每个人脸上都洋溢着幸福的笑容。同时，学生们也初步明白了"宁静而致远"的道理，我们将把这句话作为班级文化的核心理念，继续践行。

（陈丽云，福建省龙岩市小池中心小学）

案例

"四化"并举，打造和谐教室

教室既是实施教育教学的主要场所，也是开展班级文化建设的第一阵地。因此，班主任要带领学生一起把一切和教室有关的要素进行合理配置，优化教室环境，打造和谐教室，让学生身心愉悦地学习知识，发展自我。

美化教室

优美的教室环境，离不开一系列的美化工作。

第一，悬挂书画作品。书画艺术是中国传统文化的重要载体，蕴含着深厚的文化基因。在教室里悬挂书画作品，可以营造教室的文化氛围，让学生受到传统文化的熏陶。我请学校擅长书画的教师、学生以及学生家长来创作或提供书画作品，然后精心装裱，选择适当的位置悬挂起来。这样做，一方面可以节省开支，另一方面也可以展示师生和家长的特长，增强自豪感。书画作品每学期更换一次，替换下来的作品将作为奖品，奖励给一学期中出全勤的学生。学生们很喜欢这种奖励方式，有的学生还把书画作品带回家挂在客厅里，自然地实现了美育活动从教室到家庭的延伸。

第二，精选名人名言宣传画。对名人名言的选择要做到古今结合、中外结合。学生们经常品读名人名言，在不经意间就能受到某种启迪，形成个人感悟。

第三，悬挂钟表。我们班教室前方挂有一块石英钟，意在提醒学生珍惜时间，提高学习效率，同时也杜绝了学生以看时间为由拿手机的现象。

第四，张贴地图。我带过的班级，在教室后墙上有一处风景是不变的——一幅中国地图和一幅世界地图，并在地图上方醒目地写着"胸怀祖国，放眼全球"。这样不仅可以普及地理知识，也可以调节学生情绪。我告诉学生，当你们在压抑、烦躁之时，请站在地图前面，以我们的城市为起点，任意选择一个方向并一直看下去，你就会被地图丰富的色彩、密集的交通网络、多变的河流水系所吸引，就会发现祖国之美、世界之大，从而使得心中的烦恼不悦烟消云散，视野会越来越开阔，胸怀会越来越宽广。我还常常建议学生，在阅读过程中只要出现地名，马上在地图上找找，说不定那些陌生的地名会变成形象具体的地理空间。

绿化教室

绿色，给人以清新柔和之感，所以，教室离不开绿色植物的装点。在教室中养一些绿色植物，如观叶类的文竹、吊兰、非洲茉莉、鹅掌木等，不仅可以净化空气，隔音消尘，维护教室生态，还可以消除师生的视觉疲劳，缓解精神压力，给教室以无限的生机和活力。根据我近年来的实践经验，可以让学生分别养护花草，开展"比比看谁养得好"活动。养绿、赏绿的过程，不仅能陶冶学生的情操，提高审美情趣，还能使学生获得劳动的成就感。

优化教室

优美的教室离不开硬件建设，以此彰显内涵。我的做法如下。

第一，建立图书角。书籍由师生自愿提供，每人至少一本。派专人管理，对学生的借阅情况按周、月、学期进行统计，统计结果作为班级读书人物评选的依据之一。另外，围绕图书角开展班级读书活动，建设书香班级，提升班级文化品位。

第二，充分利用多媒体设备，开展音画欣赏活动。利用上午课间操和下午课外活动时间，播放新闻、音乐、flash 动画、短片、相声等，以活跃教室文化氛围。

第三，合理编排学生座位。担任班主任工作多年，我始终有一个原则——座位面前人人平等。具体做法是：每周分前后左右两次调换位置，科学安排，打破"终身制""男女搭配制"，最大限度地满足每一个学生的需要。这样一来，不但拓宽了学生间交流的渠道，而且增进了学生间的了解，班级的凝聚力得以增强。

第四，设立百宝箱。百宝箱中备有针线包、订书机、棒棒胶、削笔刀、创可贴、螺丝刀等，以备不时之需。

第五，开展室内文体活动。活动种类丰富多彩，如五子棋、跳棋、象棋比赛等，又如邮票、摄影、书画、优秀作业展览，以及辩论、演讲等，让教室这方小天地更有魅力和层次，成为学生提升思想、涵养心灵的港湾。

净化教室

干净整齐，是任何一间教室应达到的起码标准。为保证教室整洁，我在班级推行了值日生和卫生承包制相结合的办法。值日生负责常规的卫生清洁工作，而卫生承包制则依据就近原则，把一些卫生死角承包给个人，然后进行不定期检查。例如，坐在讲台边的学生要随时搞好讲台卫生；坐在窗户边的学生要保持窗台无杂物、玻璃无脏痕，并负责开窗通风换气；坐在卫生工具旁边的学生有义务随时整理和监督值日生摆放好卫生工具；坐在教室电灯开关边的学生，要根据光线情况随时开关灯，节约用电，做到节能减排；每个学生的桌凳由自己负责保养维护。这样一来，不但培养了学生的责任心，也使教室环境大为改观。

与此同时，我要求教室里不设垃圾桶，垃圾由学生自己收集，利用课间投放到学校指定的垃圾收集点。这在一定程度上控制了学生吃零食现象，也有助于保持教室卫生。我还设立了"班级贴吧"，集中张贴各种材料、表格、通知等，防止乱贴乱挂，以保持教室的整洁。

通过美化、绿化、优化、净化，一个环境优美、格调高雅、绿色健康、和谐统一、富有人文气息的教室便展现在师生面前，真正成为学生喜爱的场所、求知的天堂、成长的乐园。

（辛治国，甘肃省临夏中学）

案例

办好班级黑板报，营造健康班级文化

丰富的班级文化，正确的舆论导向，浓厚的学习氛围，主要依靠宣传引导，而班级黑板报正是营造这种环境氛围的主阵地。

我认为，好的班级黑板报，不仅能弥补课堂教学的不足，还能消除学习带来的紧张与疲劳，为学生增添学习乐趣，拓宽视野，增进相互间的交流。更为重要的是，黑板报从准备到完成，需要学生平时在博览群书与收集整理资料上有所积累，这有助于养成学生平时动手又动脑的阅读习惯。同时，也能锻炼学生的写作能力、空间设计能力、绘画能力、文字的设计书写能力，从而增强学习兴趣，增长文化知识，开阔视野，增进友谊。所以，品质优良的黑板报有利于学生身心素养的全面提高。

班级黑板报的栏目设置及其内容安排

制作质量高、有品位的黑板报，要求学生从自身实际出发，选择自己喜闻乐见、积极健康、催人向上、令人回味深思的板报内容。总之，要切合学生身心发展特点和求知需要，紧密结合学生的学习与生活实际，反映学生的心声。

开始时，可以先固定栏目，按要求"填空"，例如以下这些栏目。

"一句话新闻"。此栏目要求学生针对自己的生活实际，及时、准确地报道校内外发生的一些具有教育意义（或令人深思）的事件。其目的在于引导学生关注社会、关注生活，观察、体验、辨别生活中的是非、美丑、善恶。

"知识窗"。以介绍生活中的一些小常识、小窍门为主，让学生在学习课堂知识的同时，领悟生活中的窍门，感受书本知识与实际生活的联系，扩大知识视野，了解未知领域，学会探索与发现。

"说说议议"。主要是探讨或交流个人在学习上的体会。学习是学生生活的主旋律，学习效率的提高取决于学生自主学习能力的培养。学生学会掌握知识的方法才能主动学习，因此可以通过学习方法的探讨交流，达到班级整体学习水平的提高。

"考考你"。主要编辑一些脑筋急转弯、妙趣问答、智力测验等益智增趣的内容，从而让每个学生的头脑动起来，活起来，增长智慧，寓教于乐，寓学于乐。通过你问我答式的相互交流与互动，也可以增进同学之间的友谊。

"让你乐"。选择学生生活中的小笑话、小幽默，来增加学生的情趣、丰富学生的精神生活，给紧张的学习带来一丝轻松与快乐。

"历史小故事"。选择一些历史人物勤奋好学、刻苦成才的经历或成语典故，以提高学生的思想品位和文化修养，从而达到美化心灵、净化灵魂、端正学习态度、树立远大理想的目的。

"班级论坛"。针对近期生活中发生的"焦点事件"，发表个人感受、体会与见解。广开言路，让学生各抒己见，畅所欲言，从学生自身角度来褒扬美善、鞭挞丑恶，以提高学生的鉴别能力，培养学生的审美观。

"我的座右铭"。精选格调高雅、含义深邃、催人向上、警醒至深的格言、警句、古诗文名句，以激发学生向上的斗志，陶冶高尚的情操，从而树立正确的人生观、价值观、审美观。要求所选用的"座右铭"不宜过长，一般不超过 50 字。对于学生自己撰写的座右铭应多加鼓励、推广。

"剪贴栏"。学生把平时阅读的经典或喜爱的文段、图片进行剪切然后张贴。最好选取能够配合各科学习或有助于陶冶性情的内容，可以图文并茂，也可以配上心得体会一起张贴。如果能够引起争论的话，还可以引导学生共同探讨，各抒己见，以达到相互交流、共同提高的效果。

"表扬与批评"。从班级实际出发，从自身角度去品评人和事，表达个人的爱憎情感，褒贬是非美丑，弘扬正气，倡导文明新风。让每个学生都能以此为鉴，及时改正自己的缺点与不足。

除此之外，还可以开设其他一些栏目，至于栏目的选择与开设，应灵活机动，可增可减，可依据班级具体情况和黑板报内容的需要进行设置。

班级黑板报的编委组成及办报方式

为了充分利用班级黑板报这块宣传阵地，形成"人人参与，人人动手"的良好局面，班主任应要求全班每个学生都能把黑板报当成自己的"责任田"，用责任心去播种，去呵护，去收获。因此，在班级黑板报的编辑出版上，要将全班学生按照不同的文化层次与能力水平划分为若干小组，确定小组成员分工，明确各自职责。在此基础上，每组创办一期，周期为一周左右。这样周而复始，形成有序的良性竞争。

一学期里，每个小组大约承担两至三次的黑板报出版任务，每次更新要结合实际并及时反映班级学生的学习、生活动态，使学生始终处于积极向上、充满正能量的班级集体氛围之中。另外，在出版形式上，不局限于用粉笔在黑板上写写画画，也可采用图文拼贴或手抄报的形式来完成。

黑板报的检查与评定办法

为了鼓励学生认真做好黑板报工作，班主任应及时对每一期黑板报进行检查评定和归纳总结，并与全班学生一道欣赏，点评优劣得失，交流阅读感悟。否则，此项工作就会变得虎头蛇尾、有始无终，形成表面轰轰烈烈，实际形同虚设的局面。只有按计划开展活动，并不断进行检查与总结评比，才能达到激励先进、鞭策后进的效果，才能深入持久地开展办板报活动，从而充分发挥黑板报的教育功能。

评定的方法，可由班主任与学生共同组成评议小组，评议小组成员从每个黑板报编辑小组中产生，班主任及时组织评议，对每期黑板报进行综合评议打分。每期一评，学期结束时再进行综合评议。通过评议，指出优劣所在，提出建议与要求，以达到鼓励学生积极参与，增进友谊，更加努力学习，不断提高自身素质的目的。

（王泽，江苏省宿迁市泗洪县天岗湖中学）

从班级隐性文化建设入手

案例

我的班规我做主

唐代诗人白居易曾说："仁圣之本，在乎制度而已。"同理，个人的成长、班级的良好运转也离不开班规约束和保障。

去年，我接手高一（6）班，这是一个新组建的理科班，学生来自年级27个班，绝大多数相互不熟悉（我校是在高一下学期进行文理科分班的）。因此，建班伊始，我就和学生开始探讨、研究班级制度文化的建设事宜，并制定了各种班级管理章程，为班级营造了良好的制度文化环境。

在我看来，制定班规首先要弄清楚以下问题：班级是谁的班级？班规是谁的班规？班规由谁来制定，如何产生和修订，并与学生的评价机制相结合？厘清这些问题，再去制定和落实班规就水到渠成了。

第一步，广泛宣传，明确班规的重要性。

由于学生比较习惯由老师来制定班规，所以要点燃学生制定班规的热情。首先，我在课下与多名学生进行沟通，了解他们的真实想法；其次，我在班上郑重说明班规的重要性，让学生从思想上重视、接受班规。这既对学生进行了民主思想的教育，也让学生明白班规是集体的意志和智慧的结晶，是形成优秀班集体的制度保证。

第二步，群策群力，制定符合班情的班规。

班规作为一项制度，是用来规范学生行为、为学生的学习生活保驾护航的。因此，班规的制定要集思广益，符合学生的年龄和心理特点，充分尊重学生，这样制定出来的班规学生才会乐于接受，才有利于学生行为习惯的自我塑造和良好道德素养的自主养成。

为此，在周五放学之前，我给每个学生发了一张"我的班规我制定"的倡议书，要求学生周末完成。倡议书内容如下：

亲爱的同学们：

开学虽然只有短短的一周，但是在学习上，我看到了你们求知的渴望；在行为上，我看到了你们对自己的严格要求。作为你们的班主任，我很欣慰，更有庆幸。有你们在，我的工作将会充满乐趣。我愿意和你们一起，走过高中三年，哪怕风雨兼程。让每个人能够顺利起航，让每个人能够学有所成，这是我的愿望。所以，为了我们共同的目标，我们需要一个制度来为我们的学习、生活保驾护航。

接下来，请大家认真阅读班规制定要求，认真思考，然后填写下面的表格。你的每一条建议都是使6班成为优秀班集体的保证。

班级规则		奖惩规则	
		奖励细则	惩戒细则
学习	课堂		
	晚修		
生活	仪容仪表		
	宿舍卫生纪律		
卫生	教室卫生		
两操	课间操		
	眼操		
	集会		

（一）班规制定要求

1. 代表性。代表大多数学生的意见。

2. 广泛性。内容尽量广泛，囊括今后可能发生的违纪现象。

3. 操作性。班规条文是对行为的约束，不是对学生进行思想道德教育。

4. 有弹性。违反班规要具体问题具体分析，比如生病、没赶上校车……，因此，对这些情况要限制，如每月迟到次数不能超过2次，等等。

5. 公平性。班规面前，人人平等。

（二）违反班规处理条例的制定原则

没有惩戒的教育是不完整的教育，违纪就要为自己的行为买单。具体要求如下：

1. 不泄私愤搞报复进行人身攻击。

2. 不以权谋私。

3. 惩戒处理要合理。

4. 惩戒是为了更好地进步。

5. 惩戒形式多样化。

周日返校时，我收齐学生的班规建议，从学习、生活、卫生等方面进行分类汇总，打印后发给学生。学生独自细读，对有异议的条例做出标注，由组长整合小组建议后提交上来，再由我将各小组的修改意见做成PPT向全班学生展示，最终大家举手表决，根据票数多少来决定。在这个过程中，班主任不是撒手不管，而是要对通过的班规做最后的定夺。一旦班规得以通过，就成为班级所有学生的意向，这样才有条件顺利执行下去。

第三步，积极组织，全面深入学习班规。

班规涉及的内容比较多，要让班规在所有学生心里生根发芽，外化为实际行动，就需要组织学生及时学习。于是，我从学生的年龄特点着手，灵活运用了一些生动新颖的形式，调动起学生学习班规的积极性。我班男女生比例将近3：1，且男生比较外向，女生比较内敛。为了发挥男生性格开朗的优势，来充分调动女生的积极性，我和班委商讨后，决定采取学生表演的方式：全班分成4组，即学习组、生活组、卫生组、两操组，12个女生平均分配到每个小组；4个小组分别以"学习""生活""卫生""两操"为主题，表演人员和形式自定，时间为10分钟。

这种小组表演班规的形式，既加深了学生间的了解，又能锻炼学生的组织和表达能力，而且对班规内容进行了诙谐而又合理的诠释，让学生在轻松的表演和欣赏中，较好地学习班规，并留下深刻印象。

第四步，全体动员，不断修订完善班规。

班级是不断发展的，所以班规也不能一成不变，必须根据实际情况及时修订。当然，班规的修订不是随随便便由班主任一人决定，必须有严格的程序，方能保证其权威性。比如，在"宿舍卫生纪律"一栏，其中有一条班规最初是这样规定的：

宿舍得分低于98分的，按照学校标准对值日生进行扣分，多次被扣分的同学，须写下800字以上的说明，并在教室内做卫生一周。

"多次扣分"是什么概念?两次还是三次?这里并没有明确指出,所以在实行过程中,班委很难对违规的同学实行惩罚。因此,有必要对这条班规进行修改。修改过程是:先由班委开会,集体商议;表决通过后,在班会上提出修改意见;超过半数以上学生同意,此班规修订才算成功。

班规修订落实后,每个学生在学习生活中就有了约束自己言行的准则规范,就能让自己的发展既符合班级群体利益,又符合教育培养目标。在第一个月的班级量化考核中,我班以总分第一的成绩获得了当月"文明班级"荣誉称号,这不但进一步激发了学生参与班级管理的热情,也为班级日后各项工作的开展做好了铺垫。

(吴静,陈勇,广东省深圳市光明新区高级中学)

案例

阅读点亮人生

——班级文化建设之海量阅读

在我的班级,有一种观念深入人心——阅读是一种风尚,更是一种美德。这也是我们班级文化的特色。学生热爱阅读,喜欢写作,年均阅读量在 50 本书以上,最多的达到 70 多本书;年均写作量超过 30 篇,两年来在全国各地的报刊上,如《北京青年报》《北京晚报》《南方周末》《新民晚报》《全国优秀作文选》等报刊上发表文章 70 余篇。

那么这种班级文化特色是如何形成的?最为重要的有三点:首先,我认识到阅读对学生的重要意义,阅读可以点亮人生;其次,我是语文老师,阅读和写作是我的专长;再次,从开学第一天起,我就告诉学生阅读的意义,并把我的做法一直坚持下去,直到他们毕业。

具体来说，做好海量阅读工作，可以用三个短语来概括：三年规划、四个阶段、十项措施。

海量阅读之统筹规划

我根据初中生的特点，把初中三年的海量阅读规划为四个阶段，然后根据不同阶段的特点进行不同引导。

第一阶段：让学生喜欢上阅读。通过观察了解，我发现初一学生中有一小部分人非常喜欢阅读，还有一小部分人特别不爱阅读，其余大部分人偶尔阅读，但尚未养成阅读习惯。所以在这一阶段，要让大部分孩子喜欢上阅读。为此，教师要努力让学生体会到阅读的意义，感受到阅读的乐趣，激发他们阅读的兴趣；不要推荐书目，更不要局限学生的阅读范围，而是让学生根据自己的爱好进行阅读，只要是积极健康的书籍都可以读，教师都要给予鼓励。这一阶段主要是在初一上学期。

第二阶段：引导学生开展阅读。在学生喜欢读书的基础上，推荐一些适合学生目前阅读的书籍，引导学生有意识地选择一些好书来读。这些书籍包括文学、军事、历史等方面的书，此外也可以推荐一些报刊。在此过程中，要注意书籍的生动性、趣味性，保护学生们初步建立起来的阅读兴趣。这一阶段主要在初一下学期。

第三阶段：必读和选读相结合。这一阶段，就应要求学生必读某些书籍，不再仅凭兴趣和爱好进行阅读；要多方面阅读，让学生的阅读面更加宽广，真正达到"海量"阅读的初步效果。这一阶段主要贯穿整个初二年级。

第四阶段：增加学生必读书目。这是初三阶段的重点工作。初三面临中考压力，学生没有充裕的时间大量阅读，所以这时应适当缩减阅读量，根据课标要求，增加必读书目，让阅读更有针对性。这样做也是为了让学生和家长更支持学校的阅读要求。

这四个阶段是一个由感性阅读逐渐走向理性阅读的过程。

海量阅读之配套措施

为了激发学生阅读的兴趣，我实施了十项系列配套措施。

①固定读书时间。每周有一节语文课是专门的读书课，老师什么都不讲，就是让学生安静地阅读。这给学生的阅读提供了基本保障。

②进行"海量阅读之星"评选。每月一次，根据当月的读书情况评选出月度之星2人，让优秀成为榜样，引领更多学生喜爱阅读。从初一到现在，共有24人次当选"海量阅读之星"，超过班级的一半人数。

③开设海量阅读小讲堂。每月的"海量阅读之星"要在班会上进行读书交流，或介绍自己的读书情况、读书心得，或针对某一作品进行深入解读。到目前为止，我们班评出了24人次的"海量阅读之星"，也进行了24次海量阅读小讲堂活动。

④规范海量阅读笔记。为了使海量阅读更有效果，我要求学生把阅读、积累和思考相结合，所以便有了海量阅读笔记的做法。从初二开始，学生有一个专门的海量阅读笔记本，每读完一本书要完成一篇笔记，且每周要完成一篇笔记。笔记对字数不做特殊要求，但要包括以下几部分：书名、作者、阅读日期、摘抄积累、思考感悟。这么做就是为了让学生将阅读、积累和思考相结合。到现在，积累最多的学生已写下70多篇海量阅读笔记，这成为其阅读的宝贵财富。

⑤开展每周读报活动。每周，我会利用一个晨检时间给学生读一条近期的热点新闻，并提出问题让学生思考讨论，最后由我进行总结。目的是引导学生关注时事，关心社会，培养学生的公民意识，养成思考的习惯。阅读，就要广泛地读、批判地读，而非读成书呆子。

⑥开展全班共读一本书活动。要求学生在一段时间内阅读同一本书，然后进行小组讨论和全班交流。目的是要形成读书交流的氛围。比如，初二上学期，我组织学生共读余秋雨的《山河之书》，初二下学期共读《于丹〈论语〉心得》。学生阅读同一本书，他们交流的话题会比较集中，非常有

利于读书氛围的形成。

⑦以书为礼。书是送给学生最好的礼物。每次海量阅读表彰时，我送给学生的奖品都是书；每次新年联欢会，我们班给学生的礼品也都是书籍。如2014年新年联欢会，我送给学生的书就包括《目送》《第二次世界大战史》《世说新语》《改变世界的100幅地图》《变形记》等10余种。这些书的所有权归学生个人，但阅读权归全班学生。书就放在班里的图书角，班里同学可以随时借阅。

⑧以写促读。把周记纳入海量阅读的范畴，鼓励学生多写。学生隔周会写一篇周记，同时隔周也会利用一节专门的课时交流优秀周记。我在点评时，会去发现周记的亮点而非缺点，让学生体会成功的快乐，激发他们阅读和写作的兴趣。每学期，我还会把学生优秀作品结集成册，用班费印刷出来发给每位学生。

⑨鼓励学生投稿。对于学生周记、作文中的优秀作品，我会指导他们进行修改，帮助他们给合适的刊物投稿。对于学生来说，看到自己的作品被发表，将是一件非常受鼓舞的事。这种鼓舞远大于任何言语上的表扬，让学生充满了阅读的动力。

⑩抓住契机，营造氛围。在对学生进行海量阅读的指导过程中，也需要抓住契机。一次阅读课前，一个学生在他们小组的黑板上写下"阅读、悦读、越读"。我抓住这个机会，在下课前让该学生给大家解释一下其中的寓意，并给予肯定。结果下次上课前，所有小组都在黑板上写下了他们的读书格言或者读书感受。如今，这已成为班级的一种常态。

正是由于既有总体规划，又有细节深入，我才得以在班级中营造出良好的书香氛围。在这种氛围的浸润下，学生的阅读兴趣得到极大提升，阅读习惯得到很好养成。长期坚持下来，阅读在班里便成为一种风尚，更有一种观念逐渐深入人心——阅读是一种美德。

（江武金，北京市第一七一中学）

案例

以武养德，文治武功

——班级"武文化"建设的实践与探索

近些年，我校提出"以人为本，幸福人生"的办学理念，并以民族传统体育文化——武术为载体，开展学校文化建设。我所带的五（1）班共有学生37人，其中男生24人，女生13人，97%的学生为来京务工人员子女。基于学生活泼好动、吃苦耐劳、热衷武术的优势，我将班级文化确定为"武文化"，并开展了以"以武养德，文治武功"为主题的班级"武文化"建设的实践与探索。

精神引领，让班级精神凝聚人

班级精神文化的提炼与完善是一个循序渐进的过程，为了让学生了解、认同并践行班级文化，我引导学生共同参与其中。

搜索榜样，寻求共同特质

搜索榜样。谈到武术，学生首先想到的就是电影中的武术明星。这些武术明星对学生有着巨大吸引力，他们的一言一行也在潜移默化地影响着学生们。为此，我在班级中开展了"我心中的明星"大搜索活动。在活动中，学生们通过各种渠道进行搜索，查找自己心目中的明星榜样，如霍元甲、李小龙、成龙、李连杰、甄子丹等武术明星。同时，班内的武术小明星们——孙昀楷、白亚鹏、马宁、陈朝凯等人也得到了学生们的肯定。

解读榜样。为了让学生们看到武术明星荧幕背后的真实生活与高尚武德，我在班里开展了"解读榜样"活动。在活动中，我们通过电影、故事等方式，进一步了解学生们查找的武术明星榜样的故事，尤其是他们在各类公益事业上的作为。如，在北京奥运会、汶川地震、雅安地震等重大事件中明星们的表现，以及班内武术小明星在平时学校生活中的表现。

深化榜样。学生们了解了武术明星榜样的行为之后，我提出一个问题让大家思考：为什么你对这些武术明星榜样的名字和事迹印象这么深刻？学生们各抒己见。最终，大家一致认为，这些榜样之所以被人推崇，不仅因为他们有高超的武艺，更重要的是他们具有高尚的武德。

提出"武文化"，引导学生认同

班级文化建设初期，一定要营造良好的氛围，让学生在一个积极的氛围中耳濡目染，潜移默化地认识、了解我们所倡导的文化。为此，我班开展了电影解析、我心中的大明星、我谈武德等活动，让学生初步感知班级文化。在此基础上，我让学生们畅谈对武术的理解和对班级的希望，学生们纷纷发表自己的看法。这实际上是让学生寻找武术与班级文化建设结合点的过程，同时也是统一认识的过程。

班级文化建设的过程既要有民主，又要有集中。学生们的意见集中上来之后，我和班委会成员对材料进行分析、提炼以及重新修改，最终形成班级的精神文化。其中，班名：文武中队。班级理念：习武、明德、促行。班级口号：强身健体，以武正人。班训：文武融合，内外兼修。班徽：见下图。

班徽

此外，我们还共同制定了班级目标与班级武德公约。

班级目标

以武术校本课程为引领，深入挖掘"武文化"中的礼仪文化、武德文化、健身文化的内涵，发挥育人功能，从而达到锻炼身体、磨炼意志、培养习惯的目标，使每名队员都能均衡发展，成为"五福"（健康是福，开心是福，习得是福，才高是福，家和是福）少年。

班级武德公约

- 助人为乐，用一颗善良之心去帮助每一个有困难的人。
- 对于犯错误的队员，不能嘲笑、排斥，要有一颗包容、理解之心。
- 对所有有生命的事物要爱护、关心、帮助。
- 讲文明，有礼貌，尊敬师长，团结队员。
- 处理事情时要谨慎，全方位地思考，确保周全。
- 诚实守信，以诚待人，以信取人，言而有信。
- 自强不息，匡扶正义。
- 积极进取，树立明确的理想目标。

丰富活动，深化"武文化"建设

"武"进课程，"武"出品德

"未曾学艺先学礼，未曾习武先习德。"武术追求的最高境界不是单纯的胜负，而是中国儒家学说的"致中和"精神。课堂上，我们采用"武术杂谈—武术家的故事—跟我学武术—游戏"的形式组织教材内容，与武术老师分工合作。武术老师重点在传授武术技艺，其他学科老师在授课过程中渗透武德。这样不仅让学生能够掌握基本的武术基础和一些武术套路的基本动作，而且能让学生在学习武术的过程中接受武术文化的熏陶，受到武德教育。

"武"进课间，"武"出健康

武术是学校体育教学的重要内容，学校注重将武术校本课程资源和体育大课间进行有机整合，突出特色，内容多样，形式创新。每天早晨，可以看见学校武术队的队员训练时的飒爽英姿；大课间，可以看见全校各班学生学习普及性武术操的场景；兴趣活动课，可以体验专业老师带给我们的武术那一招一式的美。

我们还经常邀请家长参与活动，使家长感受班级的"武文化"氛围，以便更好地支持班级的各项工作。

"武"进管理，"武"出秩序

班级大小事务，种类繁多，我坚持一个原则：权力下放，学生的事自己做主。

以学校的评价课题为抓手，依托班级岗位认领，建立班级岗位责任制，实行岗位轮换制度，由班干部总负责，让每一个学生都能参与到班级管理中来。

（1）确定岗位。通过集体讨论，班内 15 个岗位需要专人负责。分别是：壁报更换岗、卫生监督岗、节电岗、节水岗、小饭桌管理岗、废纸回收岗、绿植养护岗、门窗开关岗、黑板清洁岗、多媒体维护岗、图书管理岗、小鱼喂养岗、队员室内行为监督岗、队员室外行为监督岗、垃圾清理岗。

（2）确定职责。学生们群策群力，确定岗位职责。

①所有岗位的认领必须是自觉自愿的，且一定要根据自己的特长和兴趣爱好认领岗位。

②一旦遇到多人认领同一岗位，首先要进行竞争演讲。

③对于竞争落榜者，班委会可以与其协商调换岗位。

④一旦认领了岗位，必须认真负责；一旦发现问题，班委会有权暂停

其工作。

⑤根据现有人员，特拟定每个岗位由两人负责（多媒体维护岗除外）；两人必须做到相互提醒，相互监督。

（3）竞聘岗位。由班长主持召开竞聘会，通过激烈竞聘，最终15个岗位由学生分别认领。在制作岗位标识时，有学生提议每个岗位都换成以"侠"命名。如：壁报更换侠、卫生监督侠、节电侠、节水侠等。我非常高兴，不仅是因为学生积极的态度，更重要的是通过学生们对岗位名称的更换，我感到"武文化"正一点点地根植于他们心中。

（4）岗位调剂。当我询问班长在竞聘岗位过程中是否出现问题时，班长神秘地说："您想会有什么问题呢？告诉您吧，咱们同学的积极性都高着呢！这个岗位没有竞聘成功，还没等我们进行调解，他们自己就又找到新的岗位。看来，大家都是有备而来呀！"

在这个过程中，学生的潜能得到了最大限度的挖掘。第二天竞聘小结时，我充分肯定了学生们的积极态度，同时提醒他们一定要珍惜通过自己竞聘得到的岗位，积极负责地去开展工作。

（5）实施评价。为了实施评价，我开展了"我当文状元，我当武状元"活动。活动步骤包括：制定班级"文状元""武状元"评比方案，根据方案自行申报，在班会上自荐演说，学生评价，班委会决议。我们以班会的形式，通过学生自己演说，学生集体评价，班委会决议的流程，产生了班级"文状元""武状元"，并由此产生参加学校"五福"少年评比的候选人。

总之，通过几年的经营，武德已经在班级中生根、发芽，茁壮成长。班级文化的建构提高了班级的凝聚力，学生们积极向上的劲头儿更加强烈，同时也使我和我的班级在学习、实践的过程中不断地发现、改变，成长、进步。

（杨海林，北京市丰台区万柳园小学）

当代班级文化建设的主要问题

  班级文化建设是当代班级管理和发展的一个热门途径，很多学校都开展了轰轰烈烈的班级文化建设活动。在此背景下，很多班级也开展了各具特色的班级文化建设行动，取得了很不错的成果。但是，从普遍情况来看，今天的班级文化建设还有一些值得关注的问题，这需要班级文化建设的实施者有明确的思路和应对策略。

班级文化建设的形式化问题

  班级文化建设的形式化问题，主要是指有些班级在文化建设中，把班级中可见的方面都进行"文化"的处理，而对班级精神和班级制度没有给予足够关注。这类问题在日常工作中比较常见。很多班级将文化建设就做成了"教室文化建设"，布置和装饰班级成了主要工作。即使提出一些口号理念，设计一些徽章，也主要是为了使"文化"更显现。相对而言，最能够体现文化内涵的班级精神问题没有得到认真对待，甚至保障班级文化蓝图成为现实的班级制度也被忽视。这些都是班级文化建设形式化问题的典型表现。

  解决班级文化建设的形式化问题，关键是要在领会班级文化实质的基础上紧抓内涵。文化是什么，这是一个可以有很多样回答的问题，但多样回答从根本上都指向人创造的生活方式。在这种理解的基础上，班级文化可以理解为班级成员创造的生活方式。班级生活有很多层面和领域，能够构成积极健康的"生活方式"势必需要将积极健康的精神追求作为核心，也就是作为班级文化核心的价值观要明确而积极。因此，班级文化建设需要从根本上建设明确而积极的班级核心价值观来充实内涵，需要在这种价值观引领下进入深层领域，在班级生活的内部构建文化内涵。这种做法的具体表现是，班级中人的各种活动方式以及思考问题的方式能够明显体现出积极的价值观，即班级文化色彩能够在各种班级活动以及班级成员观念中明确体现出来。

班级文化建设的中心不突出问题

班级文化建设的中心不突出问题，主要是指班级文化建设各项工作都实施了，不仅包括物质环境方面的建设，而且还进行了精神、制度以及活动层面的建设，但是各个方面建设出的文化不能构成整体，太过离散。出现这种问题的一个普遍原因是，班级在进行文化建设时比较广泛地借鉴了各个方面的"经验"，但是并没有对这些"经验"进行深度的统合，从而造成班级文化建设的中心不突出问题。

解决班级文化建设的中心不突出问题，最需要树立班级文化建设的中心或"标杆"，它们经常以"核心价值观"的形式存在。班级的核心价值观是全班所有成员共同的追求和行动准则，是全班所有人的思考和行动都要秉承的精神原则。树立班级核心价值观的基本途径是，追问班级在发展过程中到底追求什么，只要把对这个问题的回答凝练成明确而积极的少数几个价值观，班级的核心价值观就出现了。在回答"班级在发展过程中到底追求什么"时，需要从两个方面着手：一是班级作为一种组织的发展目标是什么；二是班级中的人的发展目标是什么。在明确班级核心价值观之后，班级文化的具体建设目标和行动就要看是否符合班级核心价值观了，凡是符合班级核心价值观的目标和行动就保留，不符合的就调整或取消。

班级文化建设的班级理想缺失问题

班级文化建设的班级理想缺失问题，主要是指很多班级建设了具有明确核心的、较为全面的班级文化，但这种班级文化就是不能让人有热情，不能让人感觉有期待。在日常实践中，不少班级围绕着"家""爱""卓越""和谐""进取"等理念进行文化建设，但是由于这些理念的常规性和平淡感让班级成员在文化建设中不能产生热情，从而造成班级文化建设不能支撑班级成员的理想。

让班级文化构成班级成员的理想，从根本上要求班级文化在确定核心方向时甚至之前就应该有理想的基础，至少班级文化的主导建设者——班主任应该有理想。从现实的情况来看，班主任缺少班级发展的理想并不是罕见的事情。应对这种情况的根本措施是加强班主任对班级教育工作的学习和理解，这主要有三个方面：一是要学习和理解一些关于人的发展的理论观点，特别是那些具有前瞻性、根本性又符合所带班级学生年龄阶段的人的发展理论观点，如《教育——财富蕴藏其中》中的"四个学会"；二是要学习组织管理理论，特别是那些有关组织建设的相关理论观点，如有关民主管理、自主管理的理论观点；三是经典的班级实例，特别是与自己所带班级类似的经典班级。当班主任在以上三个方面具有基础之后，就可以发挥想象力为班级描绘出美好的未来，此后的班级文化建设可以根据这个理想来确定中心理念和目标。

班级文化建设的学生参与问题

班级文化建设的学生参与问题，主要是指班级文化建设只被当作班主任的工作，由班主任确定班级文化的目标、规章制度和计划，学生只是这些目标、规章制度和计划的执行者。在日常状态中，学生在班级文化建设工作中参与度不高的问题也比较常见，这种情况的主要原因往往是班主任认为学生没有能力参与班级文化建设的筹划与设计,只能做一些具体工作。

如果学生真没有能力参与班级文化建设的筹划与设计,那么完全交由班主任筹划和设计的班级文化也不可能真正被执行。解决班级文化建设的学生参与问题,要从观念上动手。对一个班级来说,学生经过教育也完全不能理解的班级文化建设目标,无论如何都不会真正成为现实的班级文化,班级文化建设目标只有在学生的"发展区"和"最近发展区"才可能具有实施的基础。与其班主任自己单方面确定后让学生学习,还不如在教师的引导下发挥学生参与班级文化建设的主体性,让学生讨论班级文化建设的主要事宜。这种情况下确定的班级文化建设目标,无论在认知上还是在情感上都更容易调动学生的积极性和主动性,最终为全面深入建设班级文化奠定坚实的基础。

（余清臣,北京师范大学教育基本理论研究院院长,教授）

4

中途接班不知从哪儿入手，
怎么办

?

了解学情,打好接班基础

案例

中途接班,从了解学生开始

中途接班,我通常从全面了解学生开始,关心学生的学习和生活,深入把握学生存在的问题,采取适合学生的班级管理模式,让他们尽快发自内心地接受新班主任。现与大家分享一下我快速了解学生的几个方法。

通过班会快速了解学生

中途接班,我会在第一周尽量多用课余时间和学生沟通,记住每一个学生的名字和基本信息。为了加快师生双方的相互了解,我会在第一时间召开"相见欢"主题班会,介绍自己并收集学生信息。我会引导学生填写表格(见下页表),进行自我形象设计。

学生自我形象设计表

姓名		性别		出生年月		班级职务		照片
我的心声	我最喜欢的学科:				我最想上的大学:			
	我最喜爱的活动:				我最崇拜的人物:			
	我最突出的优点:				我最拿手的才艺:			
	我最自豪的事情:				我最想做的工作:			
	我最……				我最……			
	我最想对班级同学说的一句话:							
	我最想对新班主任说的一句话:							
一句话描述我自己						学生签名		

通过填写表格，学生可以进行自我反思并更加认清自己的特点，从而为自我成长打下基础。班主任将学生填写的表格保留存档，既可以快速了解、掌握学生信息，又可以将优秀的学生自我形象设计在班级中进行展示分享，促进师生之间的交流和认识，增进师生之间的情谊。

通过家长快速了解学生

在开学一周之内，我会力争和每个家长联系一次，了解孩子的个性特征和是否具有特殊情况，同时了解班级可能存在的一些普遍性问题。为此，我设计了学生在家周表现表（见下页表），让学生和家长如实填写，并对填写的内容进行核实，确保表格填写内容真实有效。

学生在家周表现表

	到家时间	完成作业	看课外书	完成家务	锻炼身体	玩手机看电视	好人好事	兴趣特长练习	早起时间	晚休时间	其他
周一											
周二											
周三											
周四											
周五											
周六											
周日											
个人小结							学生签名		家长签字		

备注：1. 须由学生本人及时如实填写；

2. 没有发生的内容项则写"无"；

3. 本表为班级个人评优的参考依据之一；

4. 每周一早上统一上交班主任总结、保存；

5. 表现好的可在德育考核中加分；

6. 本次记录时间：　　月　　日至　　月　　日。

通过填写表格可以达到以下几个目的：其一是充分了解学生在家的学习和生活习惯，发现班级可能普遍存在的问题，为班级日常管理提供信息和依据；其二是发现学生的需求和存在的问题，方便开展个别谈话和针对性教育；其三是让学生看到自己的问题所在，加强自我管理；其四是促进家校沟通，通过家长填写表格和签名情况，班主任可以了解学生的家庭教育和家长的教育态度，从而有针对性地和家长共商教育对策，形成家校教育合力，提高教育实效。

通过班干部快速了解学生

通常，我都会在开学第一周召开一次班干部会议。通过班干部会议，我会尽力达成以下目标：其一是了解班干部对班级和同学的看法，进一步了解班级基本情况；其二是了解班干部在班级工作中的困惑、困难以及需要的帮助，以指导班干部更好地开展班级管理工作；其三是选取优秀班干部轮流值周，记录班级基本情况，从而全方位了解学生在校表现。为此，我和班干部共同制作了学生在校情况记录表（见下表）。由班干部进行考评记录，每周定期向班主任反馈情况，和班主任一起商量教育对策。

学生在校情况记录表

周次：第　　周　　时间：　　月　　日至　　月　　日

日期						
值日班长						
内容	违纪情况		违纪记录			
迟到	早上 7：40 未进入教室					
	下午 14：02（预备铃）未按要求坐好					
早读	未及时拿出书本、读书不认真					
	早读时补作业					
	早读时讲话					
纪律	课堂讲话					
	课堂睡觉					
	被科任老师点名批评					
课间操	跑步期间讲话 / 推打违纪					
	未经允许擅自离开队伍 / 玩球 / 追逐打闹					
卫生	值日生未做值日、未擦黑板					
	课间地面有杂物（注明哪节课有什么杂物）					
	值日不符合要求擅自离开					
	下午眼操后未倒垃圾或桶边有垃圾					
离校	教室内追逐打闹，影响别人学习					
	值日生 17：15 前未完成卫生清扫					

通过班干部对班内学生在校情况记录表的记录反馈，班主任可以快速

了解学生们的基本表现情况。针对需要特别关心和帮助的学生，班主任可以利用课余时间进行谈心和引导，给予更多的指导和帮助。对于各方面表现优秀的学生，班主任也要及时给予肯定和表扬，激发学生的内在动力，保持学生积极向上的阳光心态。

此外，我还会利用课余时间向原班主任请教，了解班级基本情况和学生优点及需要改进之处，听取原班主任的建议。同时，利用教学工作会议等机会，和各科科任老师做好沟通工作，进一步了解学生，从而更好地开展班级管理工作。

（程国超，广东省广州市黄埔区港湾中学）

创新活动，融洽师生关系

案例

中途接班，抓好每一个"第一次"

中途接班，学生与家长一定会以审视的目光看待新班主任，所以班主任一定要做好每一个"第一次"，增进相互了解，建立良好的师生关系。带着这样的想法，我接手了初二（5）班。

第一次家长见面会——让家长接纳我

为提前了解学生的家庭情况，在正式接班之前，我先召开了一个家长见面会，时间定在暑假放假前一天。为此，我找到学校领导，希望领导出席并在家长见面会上介绍我，目的是给家长一种仪式感，让家长能够尽快接纳我。

待领导介绍完毕之后，我用激情饱满的声音开始了和家长的正式沟通：

非常感谢家长们百忙之中来参会，同时我也非常坦诚地告诉大家，此次家长会有着十分重要的意义。此时此刻，我和大家的心情是一样的，想让孩子们尽快适应、接受新的班主任，让我们班成为一个积极向上、团结友爱、稳定和谐的班集体，但是这一切都需要得到家长们的理解与配合。如果您自己都对我不信任，您回家给孩子们传达的信息一定是负面的，孩子接受我的时间就会拉长，所以还请家长们一定要与我配合。在座的家长在各自的行业里都是非常优秀的人才，在教育孩子方面也都有自己独特的方式。所以，我希望以后能够得到大家的帮助。如果遇到什么问题向您请教时，还请您不吝指教！以后有什么事情，咱们及时沟通，您可以给我发短信、打电话，如果没有及时接到您的电话，我看到后一定会尽快给您回复的！

随后，我特地给家长安排了自由提问时间，针对他们提出的问题，我都一一作答。通过这次沟通，我与家长们之间有了初步了解，这为我的接班工作打下了良好基础。

第一次师生见面会——让学生认可我

家长见面会结束后，我又马不停蹄地在黑板上进行了精心设计，并写上"不抛弃，不放弃"。晚上，我拿着班级花名册仔细读了很多遍，还默写了两遍。然后，我对照孩子们的一英寸照片进行辨认，争取记住每一个孩子的模样。

第二天，我和孩子们见面了。看来家长们真的发挥了作用，孩子们都很友善地看着我。首先，由原班主任进班做交接，她把我的履历细说一遍后，孩子们开始用崇拜的眼神看着我。然后，我开始进行自我介绍。我微笑着说："上学前我的名字叫许雁，但是因为'雁'字太难写了，我就自己把名字改成了许艳，但我还是很喜欢大雁精神的。我希望我们5班的同学也能够发扬'不抛弃，不放弃'的雁群精神，大家一同前进。下面，我们来做'猜名字'接龙游戏——我每走到一名同学面前，便会说出该同学的名字，然后由他（她）来介绍一下自己名字的由来和含义，最后看看我能不能把大家都认全，好不好？"

学生们听了，异口同声地说："好！"

于是，游戏开始。我走到第一小组第一桌，说道："汉庭同学，请你介绍一下自己的名字有什么特殊意义吧！"这时，全班学生都惊奇地看着我，眼神中还带着一丝敬佩。汉庭也愣了一下，然后笑着说："我妈妈生下我出院后第一眼看到的就是汉庭酒店，于是我的名字就诞生了！"学生们听了乐得前仰后合。

接下来，我又对他的同桌说："小一同学，也请说说你名字的由来吧！"小一有些不好意思地站起来，红着脸说："我爸爸偷懒，也怕我写名字麻烦，就用了这个最简单的汉字'一'。"

……

我陆续点完了所有学生的名字。虽然因为有些照片和本人差别太大，我并没有全部对上号，但绝大部分都"猜"对了。从孩子们的眼神和表情中，我看出他们对我这个新班主任的第一印象还不错！

最后，我总结道："我初来乍到，对班级和同学们还不是很了解，希望能够得到大家的支持与帮助。我现在想做一个小调查：许老师给你的第一印象是什么？你希望许老师是一个什么样的老师？请分别用两个关键词来形容，我会努力按照你们的希望去做的。"

就这样，我和学生们的第一次见面会在轻松欢乐的气氛当中结束了。

第一次野外拓展——增进"三方"感情

为了更好地了解家长和孩子们，也为师生、亲子、家校之间提供一次沟通交流的机会，我决定在暑假组织一次集体活动。

我和几个比较积极的家长进行多次沟通后，决定在开学前组织一次野外拓展活动。班委们提前准备了丰富的游戏，孩子们在车上欢声笑语，玩得不亦乐乎。到达目的地后，我们先是徒步穿越，然后由专业的拓展训练师组织大家进行拓展活动。家长们也参加了趣味踢毽子、同心鼓、击鼓传花等游戏。那一刻，家长们仿佛回到了孩童时代，开心地玩耍。这些活动也拉近了亲子之间、家庭之间的距离。

午餐准备的是烧烤，孩子们自己动手，洗菜、洗肉、穿串、烧烤，一开始没有分工安排，有些忙乱；等他们发现问题后，班长将大家分成几个小组，有的小组负责洗菜，有的小组负责穿串，有的小组负责烧烤，有的小组负责传菜……。由手忙脚乱到有条不紊、分工协作是他们的显著进步。

活动要结束了，家长们给孩子们照了很多照片，但是我最想要的照片却没有。于是，我提议参加活动的学生与家长合影，并且让班长整理后发到班级微信群里，每张照片上都注上学生姓名，以便老师和家长能够快速认识、熟悉。

通过此次活动，我看到了班级的潜力，也大大增进了老师、学生、家长之间的情感。

第一次集体比赛——增强学生信心

开学没多久，学校宣布要在 9 月 30 日举行课间操比赛，这是我接班后的第一次集体比赛。我特地召开了一次动员会，鼓励学生们一定要加油努力，争取获得第一名。可他们却说："老师，这怎么可能呢？咱班参加过的所有比赛，包括学习都是倒数第一名，想拿第一名，简直是异想天开！"或许是他们漠然的态度刺激了我，我坚定地说道："我们必须拿第一名，而且是全校第一名！只要努力，一切皆有可能！"

为了让学生认真练习，在近一个月的时间里，每天中午或下午只要学生练习，我就一定到场，一点点地纠正，一遍遍地练习。有的时候实在是太累了，真想偷懒，可一想到如果我都不竭尽全力，孩子们便更没有动力了。我坚信：行动是最有力的语言，榜样的力量是无穷的。很多老师不理解地问我："你为什么那么在乎成绩？"我不便解释，但是我清楚地知道孩子们需要什么，他们需要一次成功来证明自己能行；我也清楚地知道我需要什么，我需要激发他们的潜能！学生们被我的身体力行感染着，在临近比赛的日子里，他们练习得更加认真，还积极准备服装道具。

比赛当天，我们班盛装出场，把这一个月来的努力成果展现给全校师生。最终，我们不仅获得团体总分全校第一名，还斩获了好几个单项奖。学生们围着我欢呼雀跃着："老师，我们赢了，我们赢了！"

其实任何一次集体活动，都是了解学生、与学生增进感情的良好契机。只要紧紧抓住，就会对你的班主任工作产生事半功倍的效果。

（许艳，北京师范大学朝阳附属学校）

案例

四个"一"助我走好接班第一步

"良好的开端是成功的一半。"如何才能让一个中途接手的班级迅速走上正轨呢？我决定创新活动形式，让学生尽快接受我这个年轻的"后爸"。

给新学生发一份简历

由于新参加工作不久，我还清晰地记得自己找工作时为了让单位尽快了解我，投递精心设计的简历的情景。这给我很大启发，为了让新学生能更早更好地认识我这个新班主任，开学之前，我从教导处找来学生住址，给每个学生都发了一份自己的简历。在简历中，我放入了自己的生活照，介绍了自己的性格特点、爱好习惯、大学时的获奖情况、所教学科以及之前任教时取得的一些成绩等，还向学生和家长致以亲切问候，告诉他们从接到这份简历开始我们就是朋友了，并告诉学生我对未来班级的设想和期望。最后，还留了QQ、微信等联系方式，让他们今后有什么当面不好意思说的话，可以通过这些方式和我沟通……

从开学后学生给我的反馈来看，这份简历发得太及时了。很多家长说，这份简历让孩子在假期就对新班主任和新学期的学习与生活充满了期待。由于我在简历中介绍了自己大学期间曾练过几年跆拳道，开学后班里原本比较调皮、初一时经常打架的几个男生都说要拜我为师，我还真收了这几个徒弟，这也为我以后的班主任工作扫清了许多"障碍"。

给原班主任写一封"家书"

学生对原班主任的管理模式已经适应，原班主任也在学生心中留下了印记。新班主任接手后，学生往往会想念原班主任，并拿原班主任的优点与新班主任的缺点进行对比，有时会对新班主任产生一定程度的排斥。为了能在短时间内让学生接受我这个新班主任，我必须得抢先出手。

我首先在班里大大赞扬了原班主任，感激他一路辛苦把这么多可爱的学生交给了我。事实证明，这样的话学生爱听，不仅不会拉远我和学生的距离，反而回应了他们对原班主任的那份深厚感情。

之后，我给学生布置了我的第一份作业——"给原班主任写一封'家书'"。我说："之所以是'家书'，是因为汪老师永远是我们的家人，他会一直关注我们每一位同学的成长，大家可以在家书里向老师问候新学期好，报声平安，跟老师说说心里话，感谢老师一年来的辛勤培育……"没想到，以前几个从不交作业的学生，这次竟然破天荒地全都完成了，而且都写了好几百字。有个学生在"家书"中这样写道："汪老师，其实我们是全校最幸运的学生，因为别人三年只能拥有一位班主任，而我们已经拥有了两位！"

一封封家书，字字句句都流露着真情。看着这些家书，我心里暖暖的，我感受到了这些学生的可爱，并开始喜欢上这群可爱的孩子。我很开心，通过这次写"家书"，不仅原班主任收获了感动，学生也得到了成长，当然更受益的是我，这使得我后来与学生相处时阻力明显小多了。

给新班级定一个目标

有了前面的感情基础，我可以算他们的"自己人"了。在开学第二周的班会课上，我可以和学生真心实意地谈谈过去，讨论现在，计划将来了。"同学们，初一已经过去了，首先请大家对我们班过去这一年做一个总结，有哪些地方做得好，哪些地方做得不好、有待改进。请大家分组讨论，然后将小组讨论的结果向全班做一个汇报。"很快，几个小组都把班级过去一学年的优点和不足说了一遍。其实这给我省了不少事，毕竟作为"后爸"去评论一个班级前一年的状态是很不妥的。

紧接着我对学生说："现在请大家给我们班制定一个近期目标和一个远期目标，然后我们投票，少数服从多数，一旦达成一致，大家凝聚力量共同完成。"学生们想到的目标五花八门："拿下流动红旗""超越1班""成绩进入年级前三""运动会拿第一""拿到先进班级"……。最后全班投票选出的近期目标为"拿下'月文明班级'"，远期目标为"成绩进入年级前三"。

"看来同学们都期待自己能在一个充满正能量的班级中学习和生活，若要让我们班成为大家眼里的好集体，需要每个人克服自身的哪些弱点？请同学们给自己和同学提一两点宝贵意见。"我找准时机，给出了新的论题。马上班里就炸开了锅，大家你一言我一语，一场深入人心的"批评和自我批评"开始上演。最后，我根据学生们提的意见提炼了三条"班级公约"，得到大家一致通过："第一，让优秀成为802班的一种习惯；第二，让每位老师在802班上课都成为一种享受；第三，当你走出802班教室后，你的名字只有一个——802班。"

有的学生成绩优异，有的学生成绩很差；有的学生听话守纪，有的学生调皮捣乱。但不论什么样的学生，他们内心深处都有做好学生的愿望，都希望自己在新的一年里有新的表现。因此对所有学生，我都一视同仁，让他们都能在新的起点上重新起航。

给新班级定一项制度

要带好一个刚接手的新班，光打感情牌是远远不够的，没有好的班级制度很难让学生的"三分钟热度"保持下去。当下《中国好声音》节目正值流行，分组选导师、战队 PK 给了我很多灵感。我决定打破常规的班级格局，大胆地组建班级四大战队，给班级注入新鲜动力。这一决定得到了学生的赞同。

说干就干，在班会课上，我们举行"四大战队"组建仪式。首先通过自荐和同学推荐相结合的方式，选出我们班各方面实力都能被大家认可的四男四女"八大导师"，再根据学生意向和"八大导师"互选的方式轮流"点将"，正式组建"四大战队"。

我们班一共 40 名学生，每个战队正好 10 人，他们分别给自己的战队拟定了响亮的名字和口号。我们班没有班长，没有班委，而是采用"导师负责，战队问责制"，学习和班级活动都围绕战队展开。这在潜移默化中增强了学生的团队意识，营造了团结向上的班级文化氛围。

事实证明，只要是学生发自内心想做的事情，往往都会收到立竿见影的成效。仅仅两个月，学生就表现出巨大的进步，不仅学习成绩大幅上升，而且拿到了"月文明班级"。看到这些，我这个"后爸"由衷地感到欣慰。

（张亮，浙江省宁波市宁海县西店镇初级中学）

建章立制，建设有序班级

立公约，建制度，促发展

中途接班之后，一切都要从零开始。正所谓"没有规矩，不成方圆"，班主任要从建立并认真执行班级公约和各项规章制度开始，让学生树立正确的共同的价值观，从而促进班级的全面发展和学生的健康成长。

绘本故事与班级公约

小学生活泼好动，自律能力较弱，若是一味地说理效果不明显。可是小学生喜欢听故事，于是我就给他们讲图文并茂的绘本故事，并要求他们听完后互相分享自己的感受及思考。

绘本	学生思考汇总
《有你真好》	同学之间要互相理解、接纳，遇见就是缘分，有你真好
《我有友情要出租》	没有朋友一起玩会很孤单，要与朋友友好相处，多交友
《石头汤》	"分享"才会快乐幸福，不能太自私
《不是我的错》	与同学发生矛盾，不要总想着推卸责任，要先想想自己哪里做得不够好，要做一个有责任感、有担当的人
《不要告状，除非是大事！》	课间大小事情有很多，能自己处理的，就不要打扰老师，遇事要冷静多思考

续表

绘本	学生思考汇总
《11 只猫做苦工》	要遵守规则，不要像小猫一样禁止的事也去做，最后落得给怪兽做苦工的下场
"这是规定"系列	绘本语言简洁、图画生动，讲述了一个又一个人人都要遵守的规定
……	……

　　听完故事后，孩子们对图画故事内容越讨论越深入，我听后开心极了，他们说的正是我想要的。于是，我把他们分享的观点记录下来，整理并张贴到班级公告栏中进行公示；在公示期间，学生可以自由发表个人意见，或修改或补充。一个星期后，我再次汇总学生们的意见，并用简洁的韵文形式呈现出"班级公约"。

　　　　上学校，不迟到，见师长，问声好。
　　　　上课前，准备好，用心听，勤思考。
　　　　来和去，靠右行，在楼道，不奔跑。
　　　　同学间，要友爱，和睦处，不吵闹。
　　　　与人交，要真诚，多担待，思己过。
　　　　爱公物，讲卫生，纸屑物，不乱跑。
　　　　讲文明，守规则，莞外生，品质好。

　　"班级公约"中的每一条都是孩子们自己品悟到的，不是老师强加给他们的。相信假以时日，经过自我约束和同学间的互相监督与提醒，其中的每一句话都会内化为学生的自觉行为。

从班级公约到班级制度

班级公约立好后，下一步就要建立起强有力的班级制度去维系班级正常运转。

组建小组

按照座位，我把全班分成了四个小组。小组成立后，我马上让各小组召开"第一次小组会议"，议题是选组长、定组名和小组口号，老师只需给出指导意见即可。比如，组长要选组织能力强、有责任感、愿意付出的学生；组名和口号要简洁响亮，能反映出小组成员共同的奋斗目标。

"我选我"聘任班干部

中途接手不久的班级，老师对学生还不太了解，正好可以通过聘任班干部充分了解每个学生。我先拟定出工作岗位，明确岗位职责，学生可以自由填报心仪的岗位。如果同一岗位有多名学生填报，就采取竞聘的方式，轮流担任这一职务，然后根据他们的综合表现和工作能力，由全体学生投票产生最终的胜任者。没有被聘任的学生，可以根据自己的能力、特长向老师申请岗位，得到批准后就可以上岗了。原来的班干部如被发现有严重违纪行为或每周的综合评分为负分，就要解聘，由其他学生再来竞聘。

值日班长日志

在班干部岗位中设立五位值日班长，每人负责一天班级管理和"班级日志"撰写工作，记录一天里表现优秀的学生和违纪学生，并说明原因；放学后，经教师审核，将"班级日志"拍照发到班级群中，让家长也能及时了解孩子在校情况，并跟踪配合教育，使家长放心。

（吴兴妍，广东省东莞市东莞外国语学校）

案例

稳班心，三步调整班干部队伍

对于中途接班的班主任来说，迅速调整、打造一支强有力的班干部队伍，对稳定班心、重塑班级形象、实现班级平稳过渡有着重要的意义。

慧眼识"才"

打造班干部队伍的第一步就是挑选人才。为了充分调动学生参与班级管理的积极性，选出理想的班干部人选，我采取了如下做法。

人才"倍"出

中途接班之后，我先跟学生约定："我们以一个月时间为师生相互考察期，我不会用从原班主任或科任老师那得到的信息评价你们，我只相信我这一个月内看到的。在这一个月里，你们可以充分展示自己的才能、个性。一个月后，进行班干部改选，凡是有爱心、有责任心、自控力较强并且有意愿为班级服务的学生，我都非常欢迎他加入班干部队伍。"这个约定既给新班主任一个深入了解班级的机会，又能最大限度地调动学生参与班级管理的积极性。

在师生"相识表"中"识人才"

开学第一节课，我都会让学生写一份"相识表"，从中我既可以进一步了解班级学生情况，又可以发现班干部后备人才。在"相识表"中，我要求学生认真回答五个问题：我做的最满意的一件事是什么？在高中（初中）阶段让我最骄傲的一件事是什么？我对之前班级的印象是怎样的？我想生活在一个什么样的班级中？如果我是班干部，我会为班级做什么？

这份"相识表"不但可以进一步给所有学生一个重新审视自己的机会，

调动他们参与班级管理的积极性，而且有利于创设一种平等、民主的班级氛围，还能为班主任物色班干部起到很好的参考作用，可谓一举多得。

在日常表现、集体活动中"识人才"

每个学生的性格特征都体现在日常生活学习的点点滴滴中。通过课堂纪律、卫生打扫、作业完成等小事，我们可以全面了解学生的特点；班会、升旗礼、社会活动实践、教室布置等班级集体活动，更能很好地凸显学生的才能。班主任在考察期内可以借助这些机会了解学生，为班干部调整做准备。

记得接手高二（5）班的第一天，我早早来到教室，准备迎接学生报到。姚同学第一个到来，比规定时间早半个多小时。他一边帮我整理教室，一边跟我攀谈。从他的话语中，我觉得他是一个很有时间、纪律观念的人。在接下来的考察中，我的想法果然得到证实。他不仅有着强烈的纪律意识，而且集体荣誉感很强。后来在班干部改选中，我推荐他担任纪律委员一职，负责班级考勤工作。两个学期下来，他十分出色地完成了工作任务。

人尽其"才"

一个月观察期过后，我已经基本了解学生的性格脾气、优缺点、成绩和能力，改选的时机已基本成熟。依照约定，我们如期进行班干部改选。

民主选举，因才委任

班干部改选一般采用民主选举的办法，这样做可以体现班级管理的民主性，激发学生参与管理的主人翁精神。但是如果纯粹按照得票数量的多少依次来确定班长、副班长等职务，就不一定科学了。例如，得票最多的人不一定最适合担任班长一职。我的做法是，民主选举只确定班干部成员，具体职位由班主任根据每个入选成员的性格特点、才能等因"才"委任，实现班干部配备的合理化。这一举措，既让新班干部感受到班主任的信任，继而"亲其师，信其道"，当好班主任的小助手，也无形中培养了他们的团结、合作意识。

明确职责，各司其职

班干部确定之后，在第一次班委会议上就一定要明确各个班干部的职责，细化分工，责任到人。一来有利于强化班干部的责任意识，让每个班干部积极做好自己的本职工作；二来有利于班级工作有条不紊地进行，形成"人人有事做，事事有人做"的良好局面。

在新班干部队伍产生之后，班主任要及时对那些落选的原班干部进行安抚，并且在全班学生面前公开对他们过去为班级做出贡献表示感谢。一方面避免这些学生出现不良情绪，影响班级过渡；另一方面增强学生对班干部的尊重意识，有助于新班干部开展班级工作。

各显其"才"

因为是中途接班，学生难免会不自觉地把新旧班干部队伍进行对比。所以，班主任要大力帮助新班干部展现才能、树立威信，让他们快速得到同学认可。而且，对班干部队伍的认可与否，实质上也关乎学生对新班主任的认可与否。

创设平台，树立威信

班主任除了要抓住一切契机在公开场合肯定班干部的工作，让学生形成认同外，还要让班干部在活动组织中展现才能，发挥主体作用。

记得接手初二（1）班时，班干部改选后，大家对由曹同学担任体育委员不是很服气，原因是他在体育方面并没有什么特长，每次集会时总有一些学生故意不听从他的指挥，拖拖拉拉，影响班级秩序。正巧学校举行体育节，我觉得这是一个帮助曹同学树立威信、赢取同学信任的好机会。我首先指导他了解、掌握每个学生的运动特长，拟一份运动员名单，然后做好这些学生的工作，让大家在课余时间有针对性地进行训练。经过这一系列精心准备，我班一举夺得团体总分第一名的好成绩。学生们兴奋之余，也对这位之前不被看好的体育委员投以赞赏的目光。

方法指导，鼓励发挥

对于班级事务，班主任既要放手让班干部充分发挥管理作用，也要扮好"幕后英雄"角色：在方法上给予指导，适时对班干部进行有针对性的方法培训；在心理上要做班干部坚强的后盾，鼓励班干部大胆管理，勇于创新；在行动上要特别支持，在班干部获得成绩时及时表扬，遇到难题时及时给予帮助。这些举措都能够让新班干部队伍快速成长，让心存疑虑的学生心服口服。

例如，2018 年学校组织高二学生去森林公园进行社会实践活动，这是我第一次带学生跨市进行活动，加上班里男生众多且十分顽皮，如何能安全顺畅地组织好这次活动，是我比较担心的问题。于是，我把"如何组织同学安全秋游"的任务交给班长梁同学和组织委员游同学去商讨解决，同时反复强调他们要注重考虑安全因素。两天后，他们跟我汇报了他们的活动方案，包括出发前的安全教育、活动以小组形式进行、活动的具体内容以及乘车安全等。我觉得他们的设想基本上是合理的，在给出一些建议后，让他们以书面的形式把这些想法写成一份活动策划。正是由于这份活动策划，秋游活动开展得非常顺利完满。

（颜坚，广东省湛江市二中海东中学）

班主任中途接班该如何入手

　　教师在职业生涯中经常会遇到中途接替其他教师担任某个班班主任的情况，这对教师而言是一种职业挑战。因为中途接班与自己起手带班不同，自己起手带班，无论对自己还是学生都是全新的开始，彼此之间有好奇心驱使，更容易建立师生之间的认同和信任。中途接班则不同，教师可能面临更多的不确定性，包括来自学生和家长的质疑、拒斥等，无疑会给班主任造成一定的心理困扰和压力。

　　一般而言，中途接班可能有两种情况：一种是中途接优秀班级，前任班主任为优秀班主任，所带班级各方面都很出色；第二种是中途接所谓的"差班"，学生成绩、行为习惯、班级秩序等都不尽如人意。面对这两种班级情形，新班主任（为行文方便，本文将中途接班的班主任统称为"新班主任"）该如何入手开始班级管理呢？以下根据上述两种情况分述之。

接手优秀班级

接纳学生心理状态，做好自身心理建设

　　一般而言，一个优秀的班级通常具有两个重要的特点：一是带班的班主任具有人格魅力，二是班主任和学生的关系是亲善友好的。基于这两个特点，原班主任离开后，学生甚至家长一定会因为不舍而产生情绪波动。新班主任要理解、体谅学生和家长的这种留恋的心理与情感，同时还要做

103

好心理准备，由于学生依恋、不舍原班主任可能会影响他们接纳自己，甚至有可能排斥自己。新班主任要有度量接纳学生的低落或抵触情绪，要给学生时间接受现实，化解消极情绪。无论是老师还是学生，相互适应都需要有个过程，在这个过程中双方的心理和行为都会发生变化。认识到这一点，就会把学生出现的不适应情况视为正常现象，不苛责学生对自己的暂时疏远。新班主任还要有自信，要相信自己可以把已经优秀的班级带向更加优秀。

虚心求教，学习管理理念，了解班级概况

"知己知彼，百战不殆。"对新班主任而言，首先要向原班主任学习班级管理理念，因为优秀的班主任一定有比较先进的教育管理理念。他想要培养什么样的学生？他的教育价值观是什么？他又是如何将教育理念转化为具体教育行动的？具体到这个班级，他是如何把它带得优秀的？曾遇到哪些困难？这些观念是隐藏在优秀行为后面的东西，而这些看不见的东西，决定了很多看得见的东西。其次，了解班级管理的总体概况，虚心向原班主任求教班级管理经验，了解原班主任在班级管理中采取了哪些策略、制定了哪些规则、规则执行的情况、班级日常生活的特点、班级文明程度等。了解班级以往的状况，可以帮助新班主任在未来的班级管理中有的放矢，既能保持班级管理中规则执行的连续性，又能以此为基础为学生和班级的进一步发展推出新的措施和策略。再次，询问原班主任眼中每个学生的特点、家长与学生的亲子关系，对学生的各方面情况做到心中有数，为以后与学生建立良好关系打下基础。最后，在充分了解上述情况的基础上，分析优秀班级的优点与不足之处，并制订重点工作计划。

疏解学生情绪，教会学生接受现实安排

召开班会，对学生开展团体心理辅导，消除学生心中消极的情绪。首先，新班主任要与学生共情。班主任要秉持学生立场，站在学生视角看待他们对原班主任离开的不舍，充分肯定学生对原班主任积极美好的情感，

换位思考，如果自己是原班主任的学生，对这么好的班主任调离也一定会很难过。其次，带领学生赞美原班主任。让学生礼赞原班主任，是为学生打开积极的释放情绪的通道，让学生充分表达内心的情感。通过这种方式，一方面疏解学生对原班主任的留恋情绪，另一方面可以让新班主任从学生的视角进一步学习原班主任的优良经验。再次，让学生展现班级已经形成的优良传统。新班主任可以了解学生对这些传统的体验如何，哪些还需要改进，为今后的班级管理做好准备。最后，新班主任应倾听学生对自己的要求和期待，表达自己对学生的期待和对班级管理的设想。这样做的目的是让学生在充分表达中感受到新班主任对他们的尊重、理解和关心，学生在表达的过程中就会对新班主任自然地敞开心扉，这是一种良好的开始。

展现专业能力与个人魅力，让学生尽快接纳自己

教育社会学的研究表明，教师的权威主要受四个方面因素制约：师生关系、教师的专业素养、教师的人格魅力和教师的评价手段。新班主任在短期内要让学生接纳自己，就要在专业素养方面展现其不同凡响之处，让学生惊艳于新班主任的教学能力和广博的知识。在人格魅力方面，新班主任语言表达的诙谐幽默、生活态度的积极向上都会吸引学生，让学生感受到新班主任的美好，让学生愿意接纳新班主任，也容易跟新班主任建立起信任关系。在班级管理方面，新班主任对班级优势和不足的诊断要准确，提出的改进措施要有针对性且有成效，这样班主任就能不怒自威，让学生钦佩。

接手"差班"

接纳现实，勇于接受挑战，做好心理准备

班主任接手一个"差班"，在心理上可以有两种选择：拒绝或接纳。拒绝是一种弱者心理，表现为抱怨自己倒霉，产生畏难情绪，这种消极心理不利于未来的工作。接纳是一种积极的心态，持有这种心态的教师能够看

到任何事情都有两面性，面对这样的班级既是困难，也是机遇。既然无法改变接手"差班"的事实，就勇于迎接挑战。这是一种强者心理，能够抱持积极的心理面对困难，也是教师专业理性的体现。班主任要做好心理准备，中途接"差班"一定会面临任务重、问题复杂、困难多的情况。

充分准备，知己知彼

一般而言，"差班"之所以差，主要体现在以下几个方面：成绩差、学生行为习惯差、班级纪律差、师生关系差。班主任如果知道班级落后的根源，就能有的放矢地采取有效的策略。

首先，跟原班主任和学科教师多联系，了解班级学习、纪律、学生行为习惯等情况。找来学生名单、座位表、学生入学报名时的家庭信息记录表等，了解班级的优势、存在的问题，并将其做成表格。重点了解调皮学生的性格特点等情况，做到心中有数。

其次，找到学生各科学习成绩表，了解分析学生各学科学习状况，与学科教师沟通，了解班级的学习状况以及学科教师对班级的总体印象。

最后，努力记住每个学生的姓名，让名字与学生的情况在头脑中鲜活起来。记住学生的姓名，能够让学生感到自己在老师心中很重要，会对老师产生很好的印象。

制造首因效应，争取赢得学生好感

与优秀班级不同，"差班"的师生关系往往比较紧张。因此，新班主任要在一开始就给学生留下良好的印象。好的开始是成功的一半，班主任要抓住这个机会展示自己的人格魅力。首先，服饰得体。人人都有爱美之心，学生通过得体的服饰能够感受到教师的职业风范。开学第一天，新班主任要早早来到教室，迎接学生的到来；态度亲切、热情地喊出每个学生的姓名，学生会感受到自己被教师尊重，解除对新班主任的防御心理。其次，上好第一节课。即使学生成绩不佳，他们也有着对优质教育资源的渴望。所以新班主任上好第一节课，就是向学生展示其风采，让学生产生钦佩之感，由此能让学生尽快接纳自己。此外，还可以组织破冰游戏、特长展示等活动，这样可以使师生彼此之间有更多的了解。

静观其变，摸清班情

新班主任接班后，不要急于采取教育措施。要先通过班级卫生、出操、课间活动、课堂纪律、作业等对学生进行全方位观察，通过访谈学生和家长等掌握第一手班级资料，并及时记录、分析现状，找到各种问题的根源。在掌握了班级情况的第一手材料后，再对班级问题进行诊断，并采取有效举措解决重点、难点问题。当然，班主任不动声色的时间不宜过长，否则学生会认为班主任无能。

抓住重点，适时出手

首先，召开班干部会议，认真倾听他们对班级工作的想法和建议，充分肯定他们的劳动，感谢他们的付出。当然，对他们存在不足的地方也要给出建议，鼓励班干部继续努力为同学服务。

其次，开班会。跟学生交流自己了解到的班级情况，针对班级问题商讨改进措施，并畅想班级发展的未来。针对班级的状况，师生可以共同制定班规班纪，制定奖惩措施，同时设立班级工作岗位，确保人人有事做，事事有人做，让每个学生都承担起维护班级的责任。

最后，感化"刺头"学生。这类学生通常长期被教师否定，他们往往会被贴上许多负面标签。负面标签让教师常常专注于他们的缺点，而忽视了他们身上的美好。其实对这些"刺头"学生而言，他们心里既拒绝老师，又渴望被老师接纳和肯定。《弟子规》中有言："凡是人，皆须爱。"所以，对待"刺头"学生，教师首先要去除偏见、成见。要用发现的眼光寻找他们身上的闪光点，还要启发他们去发现自身优点，并且对"刺头"学生自己发现的优点表示认同。认同就是对他们人格的肯定，这会激发学生自我成长的力量。班主任要鼓励他们发挥自己的优势为班级做事，在这个过程中也教会他们做事，被老师接纳、认可就是引导"刺头"学生向善向好。

当然，对这些学生的教育不会是一帆风顺的，当发生问题时，尽量不正面交锋，先冷处理，事后再跟学生分析利害得失，做到以情感人，以理服人，不对他们冷眼相待。

家校合作，教师合作，形成教育合力

学生成绩落后，往往与学生的不良行为习惯有关，而行为习惯的养成与家庭教育有密切的关系。新班主任要了解学生的家庭教育状况，并积极争取家长的支持。班主任在与家长的沟通中要态度真诚恳切，不卑不亢，可以通过微信、QQ、短信或家访等方式跟家长沟通。对家长的回复，给予及时的回应和感谢，并做好整理和记录。对家长的一些特别要求，在不影响公正和其他学生发展的情况下，予以酌情满足。要制订一个与家长联系的具体计划，每周约见几个家长，对于特殊的学生必要时进行家访。家访和约谈都以表扬为主，绝不批评，在肯定学生的基础上，对学生提出进一步改进、提高的建议。同时，在与家长的沟通交流中，一定要保护学生和家长的隐私。

学生的教育需要所有科任教师共同努力，因此班主任要与科任教师结成教育同盟小组，一起为学生的发展创造一个良好的外部教育环境。班主任的各种教育举措只有得到科任教师的支持和配合，才会更有成效。班主任也要积极倾听科任教师对班级教育的意见和建议，对积极的建议要付诸实施。同时，鼓励学生尊重科任教师的辛苦劳动，认真上课，努力学习。如果学生和教师之间有良好的互动，班级的学习氛围和风气就会得到改善，班级的转变也指日可待。

总之，无论中途接手优秀班级还是所谓的"差班"，班主任都要以积极的心态面对挑战，通过多种渠道了解班级情况，理解学生处境，以自己的专业素养和真诚、努力的态度赢得学生的接纳与认同。

（王宁，南京师范大学教育科学学院讲师）

5

不知如何带毕业班，
怎么办

?

目标导航，做好统筹规划

案例

巧用六色目标卡，激活成长内动力

初三毕业班学生，不再像初一初二时那样被动学习，他们很少再有为父母和老师学习的想法，而是更加主动地参与到自我人生的规划中来。"我要考什么样的高中？我需要为中考做哪些准备？我在哪些科目上还存在知识漏洞？我现在行动还来得及吗？……"他们会为自己设定目标，并为之努力。然而理想与现实之间的差距，也让学生感到压力和紧张。

我常看到学生因目标设定过高，无法达到而苦恼；也常看到学生因空有目标，缺乏行动而感到手足无措；更看到家长将自身压力转嫁到孩子身上，唠叨、批评，让孩子变得更加烦躁，无法静心学习。

想方设法改变学生"常立志，不立长志；常定目标，不落实目标"的情况，有效指导学生设立目标、修改目标，并通过切实的行动达成目标，成了我带毕业班的重点工作。

经过认真思考，我决定采用六色目标卡来帮助学生制定和达成目标。开学第一次班会课上，我和学生一起讨论制定本学期的集体目标与个人目标，然后将学期总目标细分为 6 个阶段，并细化每个阶段要完成哪些具体任务。比如，嘉豪提出想要提高语文阅读理解能力，语文老师建议他多读初中必读书目，并为他开具了书单。于是，他为自己制定了每月读完一本书的目标，那么每周就需要读完 1/4 本书。再如，开彦想要提高数学计算能力，他为自己制定了每天加练 15 分钟限时计算的目标，若能连续坚持 1 周零错误，就算达成目标，可制定新一阶段目标。

我事先准备了红、黄、蓝、绿、紫、金六种颜色的小卡片。等学生设定完阶段目标后，我会发放相应颜色的卡片。学生一致选择"红色"作为第一阶段的目标卡，因为他们希望"开门红"。这是孩子们多么美好的期待！

学生填写目标卡并张贴在教室里，让目标可视化。当第一张卡上的目标达成之后，就到学习委员处换取第二张目标卡，继续制定下一阶段目标并努力完成。以此类推，从而帮助学生更好地评价自己的目标达成度，调整自己的节奏。

不要小看这张目标卡，它无形中增强了学生的自我肯定，营造了积极向上的氛围。当看到小伙伴已换上其他颜色的卡片，换卡慢的学生会不甘落后，主动加快行动，尽快完成目标并更换颜色卡；或者主动调整目标，使之更切合自己的实际，从而保证不掉队。换卡快的学生更会充满自信，全力领跑。

目标的可视化，也促进了学生之间的相互学习和良性竞争。我常看到课间有学生在阅读其他学生的目标卡，看看别人有什么样的目标，制定了哪些切实可行的措施，思考自己是否可以借鉴。有的学生悄悄参照"学霸"的步子，加入每日好题、阅读计划、切磋分享等丰富的学习活动中来；有的学生仔细研究"对手"的目标和措施，力求赶超。在你追我赶的行动中，学生们便自觉或不自觉地达成了自己的目标。

目标是促进学生主动发展的内在动力，毕业班学生往往因为压力大、紧张、焦虑而感到内驱力不足，目标空洞，行动欠佳。我班的六色目标卡，让学生的目标可视化，有效激活了学生的内驱力。他们在相互交流中，由看及行，相互学习，相互比拼，始终保持着较为积极的成长状态，也助我幸福地完成了毕业班的教育教学工作。

（沈磊，江苏省南京市致远初级中学）

案例

三个统筹助我带好毕业班

毕业班工作虽然千头万绪，却有章可循。我认为，只要在三个方面做好统筹，带好毕业班就不是难题。

统筹制作"备考地图"，让班级工作有序进行

要统筹安排好毕业班这一年的工作，必须增强工作的计划性、主动性。我的做法是，根据学校、年级工作计划，结合自己班级的实际情况，制作班级"备考地图"，统筹安排毕业班工作。在备考地图上，首先要标明在校学习时间与放假安排，其次要列出考试安排与阶段目标，再次要做好活动计划。在具体制作流程上，我也做了一些尝试。如先给出范例，让学生"私人定制"；或者安排全班进行讨论、修改、完善，然后印制下发。不管采用哪种方式，班主任都要注重"备考地图"制作意义的阐释，注重制作过程的教育价值，从而达到活动效益最大化。

统筹协调师生关系，让班级氛围温馨和谐

因为毕业班时间紧、任务重，加之老师们责任心都比较强，很容易在作业数量、难度上"失控"，甚至造成科任老师与学生以及不同科任老师之间的矛盾。作为班主任，我们既要理解科任老师的良苦用心，又要做通学生的思想工作，更要做好统筹协调工作，化解矛盾冲突。我通常的做法是，首先收集学生诉求，进行分类统计、梳理，找到共性问题，分析特别诉求，然后向科任老师和学生进行反馈；其次，统筹班级时间规划，和科任老师讨论作业布置的数量、层次问题，做到班级整体上学科平衡，学生个人针对性强。这样既缓解了矛盾，又保证了教育效果。营造和谐温馨的班级氛

围，让师生在轻松快乐的心情中度过紧张的毕业时光。

统筹规划个人目标，让学生保持学习动力

升入毕业班，面对来自家长、老师和学校的压力，学生很容易对自己的学业水平产生错误估计。有的过于乐观，认为自己可以很容易考上理想的名校；有的消极低沉，认为毫无希望，只能混日子了。从学习的规律看，不管是对自己的过高估计，还是过低看待，都不利于学生目标的实现，不利于自身潜能的挖掘。因此，让学生正确认识自己，制定适合自己的学习目标，显得尤为重要。

我的做法是，学习目标个人定制，实施过程动态管理。开学初，我首先会召开一次班会，向学生介绍往届学生中考情况，给他们一个参照；其次，打印学生历次考试成绩数据统计情况并发给他们，让他们写出自己的中考目标并讲述确定目标的依据、措施；最后，让学生互相交流，修改自己的学习目标，和家长、老师一起签订个性化的目标责任书并张贴在墙上，接受全班同学、老师、家长的监督。

当然，随着学习的深入，部分学生的学习情况会发生变化，这时可以由学生本人提出申请，并经家长、老师同意后对目标进行调整，以便更好地发挥目标的指引作用、正强化作用，以免因目标过高而挫伤学生信心，或因目标过低而失去对学生的指引作用。

毕业班承载着学校、家长、学生的希望，班主任唯有站在全局的角度统筹规划，发挥班级教师组、家长、学生和其他教育资源的合力，才能助力学生健康成长，顺利度过毕业时光。

（王德军，广东省湛江一中培才学校）

心理关怀，消除焦虑情绪

毕业季，请留下最美的微笑

面对升学压力，毕业班学生普遍流露出紧张、焦躁情绪。这就需要班主任采取一些有效办法来帮助学生缓解紧张心理，消除焦躁情绪，让他们面带微笑，保持平常心，顺利度过毕业季。

荣誉墙，激发自信的微笑

临近中考，不妨组织学生到班级荣誉墙前，回顾那一张张奖状取得的过程，听一听其中有趣的故事，挖掘感人的细节，从而激励学生找回往日的自信，撸起袖子加油学，扬帆起航创佳绩！

看着班级荣誉墙上的第一张奖状——"校园艺术节一等奖"，浮现在大家眼前的是班上10个英姿飒爽的"花木兰"打起板、唱起歌的情景。"不逼自己一下，就不知道自己有多优秀！"这是文慧同学表演完走下舞台后的感慨。"乒乓球团体第二名"的奖状见证了雁鲲、叶子等同学在乒乓球台前你推我挡、闪转腾挪的身影，也记载了全班学生齐声呐喊加油的壮观。"书香班级"光荣称号，更是值得我们铭记的骄傲……

一张张奖状，就是一段段光荣岁月的记载；一份份荣誉，就是一个个顽强拼搏身影的缩影。凝视班级荣誉，它会告诉学生，只要付出努力，就会有收获，有进步；重温班级辉煌，学生就会体会到，只要努力过、奋斗过，不管结果如何，都是无悔的青春！

周记本，留下成长的微笑

学习成绩不够理想的晓晶在周记中问我："老师，我的成绩不好，但我很想上高中，我还有希望吗？"我思量再三，用端正的楷书回复她："考上高中，是你追求的目标，但学习的过程和结果同样重要。只要你从听懂每一节课、背会每一篇课文、记住每一个单词、做对每一道题开始，加倍努力，老师相信你一定能成为更好的自己！"写完，我画了一个笑脸送给她，而她也回复了两个笑脸！

毕业班学生要面临升学考试的压力，班主任除了关注学生的学科成绩，还要关注他们的心理动态。让学生写好周记，班主任不但能及时真实地了解学生心中在"想什么"，还能够指导学生"怎么做"，从而及时有效地帮助学生解决心中的困惑，引导学生走出困境，静心学习。

留言册，描绘真诚的笑容

临近毕业，我发现学生纷纷在私底下传写着毕业留言册，分明是不想让老师发现他们的悄悄话。与其让学生偷偷摸摸地搞地下工作，不如让他们大大方方地写出自己的心声。因此，我专门开放给他们一下午时间，集体写毕业留言册，不但同学间互相赠写鼓励的文字，我也来者不拒，在每个学生的毕业留言册上写下知心的话语。教室里原本紧张的空气不见了，温馨温暖的气息在师生、同学间弥漫着。当我写完最后一本留言册，抬眼望去，看到了一双双清澈的眼睛，女生笑语盈盈，男生坚毅自信。我知道，他们已经把学习状态调到了最好，准备迎接即将到来的中考！

毕业班面临升学压力，抓成绩成了班级工作的主旋律。但老师们如果能深入了解学生的心理动态，通过开展有效活动进行良好的心理沟通和调适，不仅有利于提高学生的学习成绩，还能让毕业生留下最美的微笑。

（杨伟元，甘肃省武威第七中学）

多方指导，提升学习能力

案例

五措并举，让学生爱上学习

毕业班学生学业任务十分繁重，如何调整教育策略，帮助学生更好地完成学习任务呢？我主要采取以下五个方面措施，取得了较好效果。

动静结合，释放压力效果佳

周五放学时间到了，很多班主任还在不厌其烦地重复着作业要求和周末注意事项，毕竟周末除了放松，也是在学习上查漏补缺的好时机。而我们班孩子却提前 40 分钟放学，愉快地奔跑在操场上了。没有体育老师，没有运动限制，只有我在旁边提醒他们注意安全。孩子们选择自己喜欢的方式活动，踢足球、跳皮筋、看书、下象棋……，这就是我们班每周一次的"课外休闲课"。

当然，要享受这样的"高级待遇"可是有条件的：孩子们要在规定的时间内高质量地完成学习任务（针对不同学业水平的孩子，我们使用不同衡量标准），一周之内不能迟到，寝室内务必须达标。当然，周末的作业和要求，我早就在家校联系本上整理好了。在我和孩子们高效地完成任务之后，就是专属的放松时间。那么，偶尔有孩子没完成任务怎么办？只能坐在我旁边和我一起背诗词了。千万不要认为我委屈了他们，平时他们"偷懒"的证据我都细心地记录在了本子上。

重在行动，老师不用再啰唆

对毕业班孩子来说，经过多年的学习和领悟，他们对认真学习的道理早就烂熟于心，那为什么总有孩子做不到呢？留心观察不难发现，他们不是故意不做，而是不知道具体方法。面对这种情况，老师可以针对学生的不同问题，帮助他们制定相应的方案，明确告诉他们可以怎么做。比如，帮忙确定每天的作业顺序（不同的孩子顺序可能不一样）；创建专门的错题集，定期复习，并重做自己的错题；做练习时学会找出题干里的关键词，弄清题目的考点；上课大胆发言，练习组织逻辑严密的答语……。当班主任把空洞的说教具体化，孩子们实施起来就会事半功倍，我们就不再是一个啰唆的班主任。这样会不会导致孩子缺乏自主性呢？不会。经过我三年的影响，孩子们也是行动的巨人，对各种任务总会努力地去完成，我只要在他们迷茫时适当提醒就可以了。

学习专线，帮助建立安全感

由于初中孩子的自控能力不是很强，平时我都不准他们把手机带到学校，但在信息化高度发展的今天，我也不能阻挠他们对外联系。于是，我在办公室设了一个联系电话，里面存着我和科任老师的号码，让孩子们随时都能找到我们。在我有意识的引导下，这个电话就成了老师不在办公室时的"学习专线"。毕业班是一个特殊的班级，班级的规章制度、老师的教育理念和风格，在前两年的磨合中已经逐步形成，最后一年的学习很紧张，老师要缓解学生的学习压力，给他们创造学习上的安全感，让他们感觉随时都能找到老师求助。设置"学习专线"就是回应他们学习安全感需求的一个措施。

特殊作业，成绩提高见效快

我班的各科作业分为两类：一类是老师统一布置的作业，一类是用不同颜色标记的针对性作业。该作业分为红、黄、蓝三种颜色（分颜色比分A、B、C等级更能让孩子感到平等），难度逐次降低，提供给不同学习层次的学生。由班主任统一建立数据库，跟踪每个孩子的完成情况和成绩，当某种颜色的作业正确率连续3次达到80%以上，就可以申请升级。红色作业越来越多，老师也就一目了然地知道这段时间学生们在进步，从而及时进行鼓励和表扬，并调整教学进度。通过针对性作业，孩子们既能树立短期容易达到的小目标，老师也能快速知道孩子对知识的掌握情况，这样的方法好处多多。但是班主任也要注意观察孩子们的反应，避免个别孩子因此产生自卑心理。

家校联合，共情教育作用大

最近一段时间，小华学习进步不大，而且总感觉自己努力后没有收获，不想再坚持。一天早读，打开英语书，小华竟意外发现了一封信，是爸爸写给她的。小华看后万分感动，犹如注入了强心剂，在学习上又充满了信心。可能大家觉得奇怪，家长给孩子写信是一件很平常的事情，为什么对这个孩子却如此有用呢？我做过专门了解，小华父亲文化水平不高，平时总埋怨孩子成绩不如其他孩子优秀。我为此专门做了一次特殊家访，"指导"小华父亲写了这封充满鼓励的信。可见，方法是老方法，但用在不同孩子身上，发挥的功效却大不一样。班主任要认真寻找教育每个孩子的共情点，让孩子从内心真正接受并有所触动，这样才是一次有意义的教育。

教育是等待的过程，让我们用爱心、细心、专心静静地守候。相信孩子，静待花开！

（陈娟，重庆市第一中学校）

活动凝心，激发毕业情愫

以"情"动"情"，以"离"惜"聚"

许多老师都有这样的感受：毕业班的孩子难教，毕业班的孩子难带！那么，怎样才能带好毕业班呢？我决定尝试以"情"动"情"，以"离"惜"聚"，在丰富的具有情味的活动中激发毕业生的情愫，通过日常的交心活动，带着孩子们在即将到来的离别中体会如今还相聚一堂的幸福和不易。

以"情"动"情"：我的心中，那样不舍

随着毕业日期的临近，许多孩子开始变得"不正常"，于是我们看到了混乱和各种问题。造成这些问题的原因，往往是毕业生们的心里过多地想到未来，而忽视了以往几年在学校学习生活的美好点滴。让学生重拾那些人、那些事，在一幕幕的回忆中继续生发出对学校、老师、同学，甚至对那些草、那些花美好的情感，这是我们要引导学生做的事。

我将学校很多微不足道的角落拍成照片、视频，利用每周一晨会、夕会课展示给孩子们，尤其是那些有变化的地方曾经的样子与如今的景象。在给孩子们播放时，我们会一起问"这是哪里"，会想"曾经的某一刻，我（们）来到了这里，做了什么"，会感慨"时光荏苒，如今我们即将离开"……。回忆是最多情的表白，看到熟悉的一草一木，孩子们的眼神都

开始变得柔软。此刻的毕业生们，心里盛满的是回忆，是别情，更是对校园的万千情愫。

欣赏照片和视频会让毕业生们回忆过去，用更加珍视的眼光看待学校，而"××年，我在这里"主题故事讲述，更能让毕业生们彻底打开记忆的闸门，将自己在学校里经历的一幕幕用最深情的语言讲述出来。这样的讲述是真实的，更是蕴含着孩子深厚情感的。通过语言的真情流露、音乐的渲染烘托，更多的孩子在一个个故事中看到了自己在那一年、那一处经历的那一件件事。我会在每周队会课上邀请两名学生进行讲述，将这种再现的情景一直延续下去，直至毕业那一刻的到来。

除了不舍情绪的激发和聚集，我还经常与孩子在课间交流，畅谈小时候一件件好玩的事："一年级的时候，我竟然连男女厕所都没有分清。""有一次我的作业没有完成，我首先想到的不是跟老师承认错误，而是哭着要求老师打电话给我爸爸妈妈。"……我经常与毕业生们聊天，聊过往的事，聊过往的情。我深深明白：此刻的他们需要更多的陪伴，因为，毕业就在明天。

以"离"惜"聚"：母校，我愿为你……

毕业生们向往着毕业之后进入一个新的环境，开始一段新的学习。但同时，毕业也意味着离开，离开朝夕相伴的同学、老师，离开培养自己的母校。他们在离别中珍惜如今的相聚。我带着毕业生们再一次思考：在最后相聚的日子里，我们能为学校、为学弟学妹们做些什么？这使得毕业生们不再只是想着将来的学习历程会是怎样，而是更多地采取一些有意义的做法，充实相聚在母校里的每一天。

毕业生们发起了"留下我的足迹"活动，捐出自己的部分学习用具，派代表送到低年级，交到有需要的学弟学妹手中。这样的交接不同于"献爱心"活动，是学习用品的再次利用，培养了毕业生们的节约意识；更是一宗肃穆的仪式，表达了毕业生们"即将离开，我的爱心留给你"的心愿。

"种一盆花"活动也是毕业生们非常喜爱的活动。三月初，毕业生们买来花盆和种子，珍重地种下一株花，经历它生根、发芽、长叶、开花的过程，最后将满盆花放进学校的大花坛，绚烂的花朵寄托了他们对学校深深的祝福。

还有"我的教室交给你"活动。曾经学习的教室，盛满了过往的记忆。我们利用最后一次队会课，请来低年级学弟学妹代表，将我们精心打扫的教室交给他们。同时，我们将使用教室的心得与期望写在一封信里，告知即将走进这间教室学习的主人，珍爱教室里的每一件学习用具，将美好传递下去。

毕业班的孩子是面临学习生活转折点的一群孩子，他们的思想、心理、行为值得我们倾注心力理解、体谅和研究。以"情"动"情"，以"离"说"聚"，可以让孩子们以充满意义的活动告别母校，留下终生难忘的美好回忆。

（史培露，江苏省南京市共青团路小学）

案例

用戏剧感化童心

"刘老师，俺是小嘉的爸爸。你们班几个学生把俺家门口的灯给砸啦，嘴里还不停地骂着俺孩子。你可要好好管管呀！"

"老师，小林连续三天作业'缺斤短两'。我说他好几次，提醒他别给组里拉分，他就是不听！"

"老师，我没惹小静，她却带着一帮女生堵着我家门口给我找事儿！"

……

我的头快要炸了！都说六年级的学生难管，此话还真是不虚！这群刚刚进入青春期、精力旺盛、除了学习总想搞出点新鲜事儿的孩子，可让我怎么办是好啊！眼见临近毕业，各种小矛盾更是层出不穷，这似乎已严重偏离了毕业应有的轨迹。我得想个好办法，让毕业这趟列车顺利到站。

回想着每天在我身边上演的各种情景，不就是一出出活生生的戏剧吗？一周之后，我拿出了一个剧本《我们的小学时代》，呈现给学生。我还没读完剧本，孩子们已在下面笑得前仰后合。

"老师，您写的这个剧本不就是在说我们吗？"

"是啊，老师，第二幕的故事就发生在我们三个人身上。"

"老师，您现在批评人都有新招儿啦！那个不写作业的不就是我吗？"

"嗯，还有我。"

……

"哈，那你们说这份毕业大礼怎么样啊？同学们想不想在'六一文艺汇演'中表演呢？"

"想！让我来，让我来！"

排练紧锣密鼓地进行着，全班有三十多名学生参与到毕业大戏的演出之中，其余的孩子则在一旁当起了热心观众。下课之后，追逐打闹的少了，吵架斗气的也没有了，大家都各司其职地排练着。

就在我暗暗欣喜时，不料却出事了。排练过程中，第三幕"我们再也不打架了"的主演小新又和别人打架啦。我气愤异常地来到班里，本以为这次批评又会是一场艰难紧张的博弈。没想到，还未等我开口，小新就主动来到讲台上深深地鞠了一躬："对不起，老师！对不起，同学们！我刚刚又跟外班同学打架啦。我现在很后悔，我真不该这样。老师说过只有表现好的同学才有资格参演毕业大戏，我演的就是不打架，可我还去打架，我真是没出息！呜呜呜……"

此情此景令我惊诧万分，没想到眼前这个调皮捣蛋的孩子内心竟然也会如此柔软。他的真诚深深打动了我们大家，所以他没有被换角。看着他喜极而泣的样子，我发觉其实他也可爱又懂事。

那一天终于到来了！大戏开演，所有人都分外兴奋，所有人都全情投入。当三十多人一起站在舞台上手捧着"六一文艺汇演第一名"奖状时，学生们是那样激动，那样开心。我想，这就是最好的毕业礼物吧。

几天后，小嘉突然找到我："老师，最近我和同学们的关系好多了。老师，我想谢谢您。我总觉得剧本第二幕'我们都是好朋友'就是给我写的，后来同学们都没有那么排斥我了，而且我也觉得自己过去对同学敌意太重，不懂得为别人着想，我现在也变了。那天我在 QQ 空间发表说说'我们都是好朋友'，底下有好多同学给我留言呢。我特别开心，因为过去从来都不会有人理我。老师，毕业真好！"

是啊，毕业真好。因为离别，让我们学会珍惜，学会道别，懵懂中似乎领悟到一丝人生的真谛。我们将以灿烂的笑容迎接下一个崭新的开始，攀登下一个成长的阶梯！

（刘青，河北省邢台市桥西区李村学区西北留小学）

小贴士

六招带好毕业班

带好毕业班，对班主任来说是个不小的挑战。但我认为，只要用好以下六招，就能轻松带好毕业班。

班规落实有门道

一个优秀集体少不了班规班纪的保驾护航。对毕业班而言，班规的制定、落实更是重要。但此时孩子们已经有了一定的"思想"，有了"老大哥""老大姐"派头，加上青春期自我意识的增强，使他们对师长的教诲开始产生抵触情绪。因此，班规班纪的制定一定要以学生为"中心"——让学生自己协商制定班规细则及其奖惩措施，班主任只做"协助者"，协助他们将制定好的措施打印"上墙"并监督执行。这种措施可有效增强学生的主人翁意识，减少甚至消除学生的抵触情绪，使班规得以较好地落实。

美好憧憬少不了

无论哪个学段的毕业班，学生的学业负担都会加重，这也就意味着学生厌学情绪会加重。因此，班主任要给学生一份美丽的憧憬。比如，和他们签订"协议"，如果班规落实到位或班集体与个人取得某些成绩、达到某些要求，就可组织一次春游，进行一次野炊，举行一次游艺活动，等等。让学生有所憧憬，有所期待，不但能有效安抚他们的情绪，让他们在繁忙之中有"盼头"，而且能促使他们更好地约束自我，使得班集体中的所有人在美好憧憬中更加努力向上。

心理疏导要做好

到了毕业季，随着学业负担的加重、青春期的到来，多年的师生情、同学谊即将"结束"的不舍，再加上对下一阶段学业的担忧，大部分孩子想法多、负担重、情绪波动大。这时，需要班主任自己或邀请专职心理教师定期做心理团辅工作，从应对青春期、调节情绪、合理解压、珍爱生命、正视考试等方面对学生进行有效疏导。不仅如此，班主任还要关注各个层次孩子的心理状况，注重对一些"特殊"孩子的个体心理疏导，及时解开他们思想的疙瘩。这项工作可利用一些零碎时间，如课间、午自习等，随时随地进行。

班队活动须上好

班主任可根据学校安排和本班孩子身心特点、思想状况，量身定制一套适合本班实际状况的班队活动，从做好新学期入学教育、布置美化教室、班规班纪制定、班干部竞选、养成教育、培育学习习惯、培育生活习惯、勤奋学习、发展个性、提高道德品质、培养劳动技能等方面制订活动计划，并认真执行。扎实落实各项活动，就能帮助孩子顺利走过毕业季，开始新的征途。

家校沟通更重要

进入毕业季，孩子们从对家长、老师无话不谈慢慢转向"保守应对"，甚至"刻意隐瞒"。此时孩子的人际交往更多的是同伴间的交往。但交往中，部分孩子不能明辨是非，又盲目追随一些思想"前卫"的同伴，合伙做一些不利于成长的事情，班级也会因此"应运而生"各种"小团体"。更可怕的是，如果家长监管不到位，还可能导致一些孩子结识社会闲散人员，在他们的引诱、哄骗下，做出让所有人懊悔的事。因此，到了毕业季，班主任一定要加强家校沟通，指导家长掌握毕业季孩子的心理特征，严格履行自身监管职责，加强孩子自律教育，合力排除各种安全隐患，确保孩子顺利完成学业。

活动助力不可少

繁重的学业负担，是毕业班每个孩子、每位班主任必须面对的现实问题。在这种境况下，学生最容易产生厌学情绪，出现心理问题。班主任要时时注意每个孩子的身心状况，适当组织一些文体活动，劳逸结合，帮助学生合理解压。例如，我会将每周三的语文自习课拿来做孩子们的大课间，让他们在喜爱的体育竞赛中大汗淋漓，放松身心；会定期把周五的班队会提前到早读时，而将"节约"出来的时间让孩子们看电影，愉悦心情；会在每个传统节日前组织联欢会，活跃气氛……

（杨丽玲，甘肃省酒泉市南关小学）

以"毕业"开启学生与班主任生命成长的新空间

——毕业年级班主任工作的价值自觉与路径选择

如果说，起始年级可以追求"如婴儿般诞生，如孩童般生长"的境界，那么毕业对于学生和班主任来说，首先意味着一段学业的正式结束，同时必然开启另一段人生旅程，而这段旅程尚充满不确定性。针对处于这一特殊时期的学生，会有一系列事务性工作需要处理。但更值得重视的，是"毕业"关涉学生命运，是其生命全程的重要节点，因此，如果只有事务意识而无生命意识，只有工作意识而无教育意识，就会大大降低学生精神生命成长的高度，延缓其在特殊阶段成长的速度。加之毕业年段几乎是所有家长都重视的，是学校领导高度关注的，因此会有一个独特的生态环境，直接影响班主任的工作。班主任的工作也必然会影响学校教育、家庭生活的品质。这一阶段的班主任，事实上会成为学校教育和家庭教育的关键人。

毕业班的班主任拥有这样的教育可能：将成事与成人相结合，在这一特殊的发展时期内，促成学生的生命成长，同时也留给班主任一段值得自豪的生命历程。

在成长感获得中体味美好

临近毕业，每个学生都会有时间意识的觉醒，都会对过去若干年学校生活产生或强或弱、或浓或淡的留恋与反思，会很容易生起对友谊的珍惜。这一天然的情感与精神状态，可以通过班主任的工作得以升华，从而留给学生们一段难忘的生命体验。班主任可以通过开展多样的毕业纪念活动，直接促成学生生命意识的觉醒和成长感的获得。

首先，班主任可以通过组织班队会、指导学生撰写毕业留言、共同参与相关纪念活动等，直接促成学生间友谊的升华。经过短则一两年、长则六年的共同生活，同一班级中的学生有着发展深厚友谊的基础；如果班主任曾用心经营班级，则这份友谊会更加深厚，甚至会有超出兄弟姐妹情谊的共同生活的新内涵。在毕业季里，班主任可以鼓励、欣赏学生们对友谊的自然而美好的表达，可以通过语言和组织适当的活动"点化"学生，激发学生真诚而美好的情感，引导学生健康而友善的行为。

其次，班主任可以促成学生与教师间关系的再建构。在中国文化背景下，在毕业季里，学生们往往会自发地表达出对教师的感恩；教师们的辛勤劳动也会更容易给学生们留下深刻印象。此时，适时组织一些师生联谊活动，特别是班主任鼓励、带领教师们更自觉地关怀学生、鼓励和帮助学生，往往会深深打动学生。此时，不妨多一些师生间共同的回忆，不妨多一些你与我之间自觉的对话，甚至不妨共同讨论一些曾经的相互误解与纠葛——这样的真诚交往，会成为毕业班学生美好生活体验的构成。而且，这一师生关系最终能升华为对母校的感情，使校园中的一草一木都承载着感恩母校之情。

再次，班主任还可以利用毕业季的节点活动，促成学生与家长间的良性交往。例如，有的学校会组织学生的十八岁成人仪式、毕业典礼，会组织毕业班的家长会，会保持与家长的密切联系。借助这样的节点活动，学校可以促成家长更理性、更有策略地支持和帮助孩子，促成学生更丰富、更成熟地体验家长的辛劳和对自己的爱。毕业季不仅仅是学校教育的构成，还是亲子关系、家庭生活关系建构的关键时期。通过学校的引导，学生有可能更理性地认识到父母的辛劳，更真切地体验到父母的不易，更辩证地判断父母教育行为的合理性与有限性，并在直接的亲子交往中表达自己对父母的感情，增进亲子交往。尽管家长也会做出这样的努力，但有了班主任的协调、沟通、组织，更集聚的效应就有可能发生。

总之，当即将挥手告别这一段学习与生活时，天然生成的情愫，自然诞生的回味，综合生成的关系，都能促成学生体验、认识自己曾经的生活，感受真实的生活历程与自身发展，实现成长感的获得。

在生长感创生中过好当下

生活依旧在继续，过去的回味也将融入当下的生活中。对于相对紧张，在人生旅程中至关重要的毕业班生活，班主任需要在更富有生产性的实践中促成毕业年级学生的发展。

首先，帮助学生提高学习质量。进入毕业季，无论是小学、初中还是高中的毕业生们，都面临着一系列的学习压力，相关学科教师也会通过各种方式促成学生学业成就的提高。对于班主任来说，更为重要的不是继续加码，而是平衡、协调相关学科教师的学习要求，甚至在必要时调整自己所任教学科的时间来帮助学生和其他学科教师。为此，班主任要更主动地以领导者的角色推动学科教师间的合作，推动学生学习小组的建立与高质量运作，促成合作学习、问题解决学习、榜样学习的实现，努力为学生营造健康、安全、综合的学习环境。与此同时，作为独立个体的班主任，他对学生学习的真诚关心和指导，与学生的直接交往和教学合作，在学生遭遇各类学习困难时的有效帮助，都会成为温暖、鼓励学生的重要力量，成为学生坚持不懈、自我挑战、追求超越的支持力量。

其次，继续通过班级建设来丰富学生的毕业季生活。班主任的工作不等同于学科教师的工作，有其专业内容与途径，有其专业标准。毕业班学生也不能只有复习、考试，而依然需要丰富而高质量的生活。这不仅仅有助于学科学习质量的提高，而且具有独立存在的价值，有着超越学科学习的意义。为此，班主任依然需要关注班级文化建设，需要组织开展主题班队会，需要让学生通过与自然、社会的对话实现其精神世界的丰满。在笔者的合作研究学校，就曾有初三班主任以主题班队会的方式，积极促成学生价值观的清晰与生命的觉醒。而活动的效果是非常综合的，直接成就了学生的成长。在来自全国各地的班主任的征文中，我们也能读到丰富多彩的活动设计、组织建设、文化发展。当班主任能以专业的态度开展专业的教育活动时，就是在回归教育本质，就是在实现本领域的实践创新。

再次，协助、指导学生的家庭与社区生活。毕业班学生的生活时间、空间都会因为临近毕业而发生改变，学生的作息规律、饮食卫生、安全健康等，都与其家庭、社区生活密切相连。此时，如果家长的思想理念与行为有偏差，很容易激化亲子矛盾，影响学生的学习，甚至会发生一些恶性事件。在此背景下，班主任有必要继续加强家校合作，促成社区参与，通过专题的家长会，通过与家长的多维度沟通，通过促成家长间的相互影响，有针对性地矫正家长的观念误区、语言偏差和行为偏差，从学生健康成长的立场出发，促成家长的改变和家庭生活、社区生活的完善。"可怜天下父母心"，家长有意愿在这个特殊的发展时期内更好地支持、帮助孩子发展，有意愿做出自我改变。

总之，毕业季是一个能让学生以自己的奋斗彰显生命尊严的时期，是一个促成学生生长感获得的时期，是学生敬畏生命的力量、焕发生命活力的时期。班主任有责任去推动实现这些价值。

在希望感形成中迎接未来

毕业意味着告别，更意味着开始。可是，未来是怎样的？对于每个毕业生及其家庭而言，都充满着不确定性，也因此有着产生焦虑的可能性。但人不能没有希望感，毕业季更需要以希望感来引领当下、迎接未来。

首先，班主任有义务促成学生对未来学习生活、社会生活的感知、接纳与理解。相对于学生来说，班主任经历过诸多的毕业季，也有或多或少的社会生活经历，这都使得班主任有可能成为学生未来发展的引导者。班主任个体的资源往往是有限的，但毕业班的所有教师、之前的毕业生、学生家长、社会人士，尤其是高一级学段的学生和教师，都是对学生发展具有指导力量的人，都可以通过班主任的工作而被组织进毕业季的教育活动中。为此，班主任通过组织学生走进高一级的学校、相关职业岗位等，通过组织毕业生与相关人士的直接对话，能够促成学生在一定程度上触摸到未来，能够通过未来生活的素质要求而引导学生当下的学习。

其次，班主任有责任推动学生形成个人发展规划。这对于初中、高中毕业生来说尤为关键，部分发达地区所开展的职业发展规划、生涯发展规划教育，就是针对这一问题的举措。通过日常交往和组织专题活动，班主任可以推动学生认识自我，对自己的职业或人生发展有初步的准备；再借助更专业的指导力量，增强学生的自我规划意识并提升其能力。在面对不确定的未来时，这类教育活动至少会让学生有一定的方向性和安全感。

再次，班主任有可能成为学生未来发展的直接影响人。作为最了解学生、学生往往也更为信任的教师，班主任自己的人生经历与发展经验，班主任对学生生活与发展的个体式建议，往往会发挥直接的作用，甚至会影响学生的未来发展道路与发展方式。对于班主任来说，这源自学生的信任，但也有一定的风险，因此需要班主任保持敏感性，开放、理性地分享个体经验，但不能替代学生和家长做出决策。当前，更加系统、专业的毕业生发展指导系统尚未建立，班主任尽管不能自视为全能者，但还是能发挥一定作用的。

总之，毕业班的工作纷繁复杂，又重大无比。这需要班主任拥有更多"仁者不忧""智者不惑""勇者不惧"的素养，保持对生命的敏感与自觉，有力而有分寸地介入学生的关键发展期内，以专业的态度与方式成就学生和家长，也让自己的职业生命因为这一特殊的教育阶段而散发出光辉。

（李家成，上海终身教育研究院执行副院长，华东师范大学教育学系教授，
教育部人文社科重点研究基地基础教育改革与发展研究所研究员）

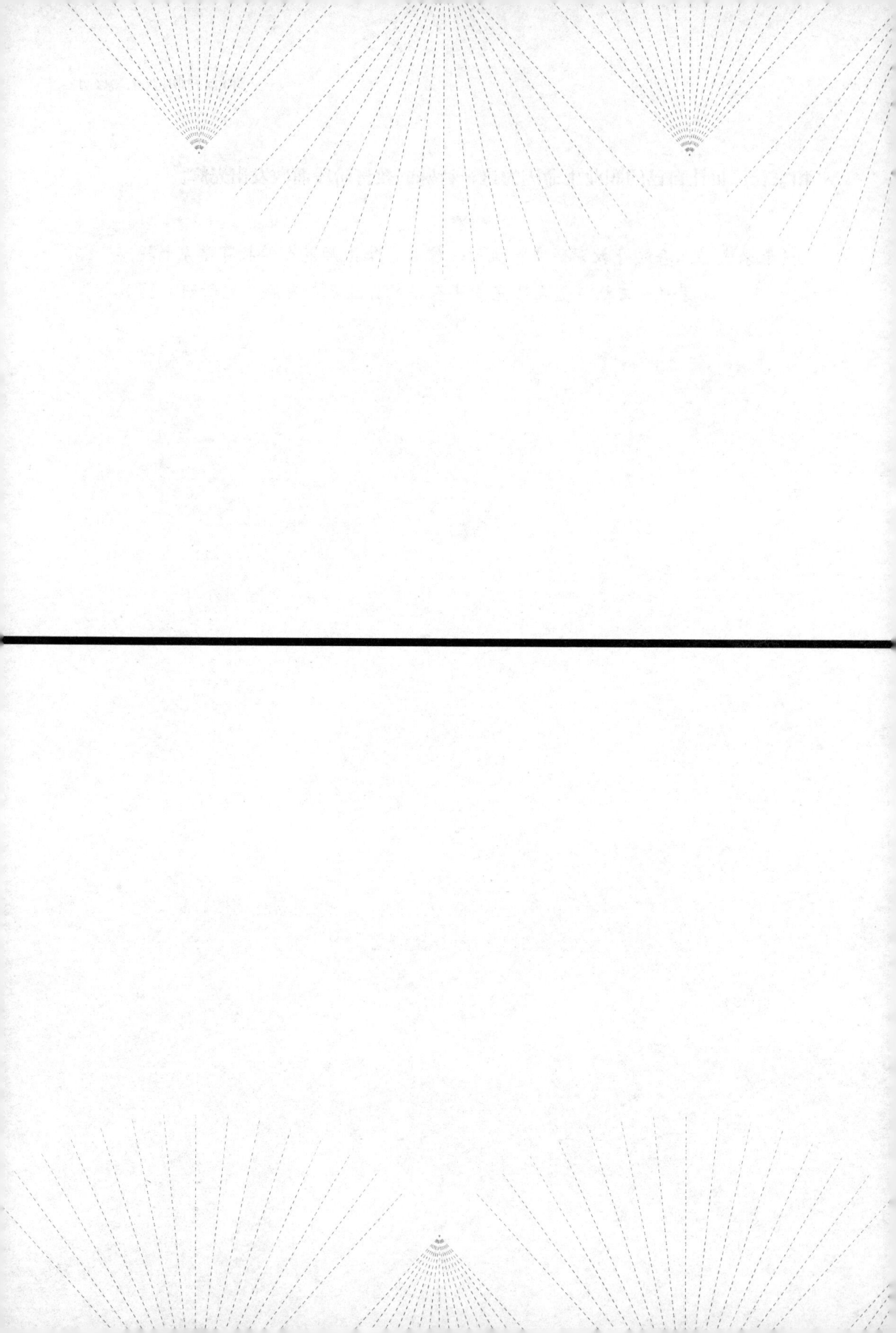

6

学生不关心班集体，
怎么办

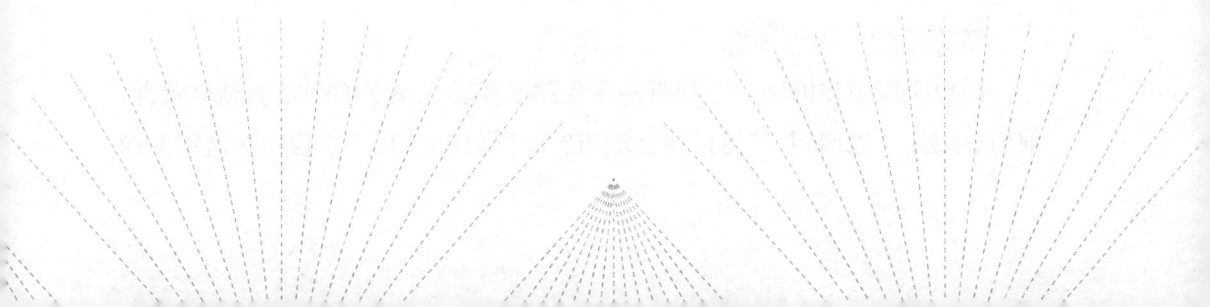

?

让班级成为学生的精神家园

案例

建设家一样的班集体

——小学一年级新生集体意识的培养策略

现在的孩子少有兄弟姐妹，隔代的溺爱、不科学的教育使孩子们逐渐养成了"以自我为中心"的不良习惯。当他们走进学校，开始集体生活时，这些弊端就会显露无遗。现在我所带的刚刚入学的一年级孩子便是如此，如何让他们有集体意识并热爱集体呢？为此，我在班级建设方面做了一些尝试，让孩子们一点点融进集体生活。

在入学仪式中，了解集体概念

一年级新生对"班集体"的概念是陌生的、感到抽象的。根据他们身心发展的特点，我将班集体简化为一个字——"家"。利用入学仪式教育，让他们初步理解班集体的概念。仪式的流程简介如下。

游览校园，熟悉环境

面对学校陌生的环境，我带领学生熟悉校园，孩子们眼睛里满是欣喜，他们一边走一边询问："这是什么地方？""做什么用？""我们在这里上课吗？""这些树长得真高，我们能在这里玩吗？"这群可爱的"小精灵"一路观光一路追问，不知不觉已经喜欢上了新学校，喜欢上了他们今后学习和生活的地方。

参观教室，确定成员

走进教室，孩子们更是不停地赞美着："教室好大呀！""墙好白！""桌子上还有漂亮的桌布呢！""这是什么花？开得好漂亮！"在孩子们不断发出赞叹的时候，我轻轻地告诉他们："从今以后，你们所有人就在这里学习和生活，大家组成了一个班集体，这个集体就是你们的第二个家。现在我要给所有的小朋友按年龄的大小排一排，看看谁是姐姐或哥哥，谁是弟弟或妹妹。"孩子们听了非常兴奋。当我按户口本上的生日排好序后，自然就确定了每一个成员的"身份"，我接着告诉他们：哥哥姐姐们要学会谦让，弟弟妹妹们要学会尊重。"家"的形成促使孩子们在头脑里对班集体概念产生了朦胧的意识。

交谈感受，懂得奉献

接下来，我让孩子们谈谈在这个"家"里，自己能为所有人做些什么。刚开始孩子们不知道怎样说，因为他们在家里从未为别人做过什么。于是我告诉他们："在这个大家庭里，大家是兄弟姐妹，每个人心里不能总想着自己，要多想想别人。比如，我要做的就是读有趣的故事给你们听，每天提醒你们放学时要整理好书包。"在我的启发下，孩子们迫不及待地表达着自己的想法。王孜说："我要为大家读我最喜欢的故事。"李易达说："我要为大家摆好喝水的瓶子。"范诗琪说："我要把我喜欢的水彩笔借给大家用。"……孩子们用简单的话语表达着自己最真挚的情感。

仪式结束，表达祝贺

活动接近尾声，我向班集体的每一个成员表示祝贺，祝贺他们成为一年级（1）班这个"家"中的一员，成为一名小学生。在这个过程中，所有孩子脸上绽放的笑容都是那样的灿烂和温暖。

通过入学仪式活动的开展，孩子们在短时间内将陌生的班级与熟悉的"家"建立了联系，对班集体产生了"家"一般的亲切感，初步形成了我要为班集体中每个成员服务的意识。

在文化建设中，形成集体意识

文化建设是班集体形成的一项重要内容，由于孩子年龄小，我便借助家长力量，共同开展班级文化建设。我通过班级微信群征求家长意见，让家长和孩子共同参与策划，一方面培养孩子的主人翁意识，另一方面让家长参与进来，让这个由老师、学生、家长组建的大家庭有更广阔的发展空间。

班名的由来与含义

当我把征集班名的消息发到微信群后，家长们积极踊跃地参与到起名活动当中。赵思莹家庭起名为"日出班"，王孜家庭起名"小芽班"，王月家庭起名"雏鹰展翅班"。大家集思广益，思量斟酌，最终商定班名为李易达家庭起的"快乐家庭"，代表孩子们在这个大家庭里快乐、健康地成长。

班徽的形成与寓意

班名确定后，紧接着是班徽的设计。我提议画一座房子代表"家"，什么样的房子呢？孩子们强烈要求画彩色的蘑菇房。画好后，再由家庭负责填充房子里的内容。最后我们把王孜、赵思莹两个家庭的设计结合在一起，选取书和笑脸的图案。范诗琪妈妈还提议把房子的烟囱换成蜡烛，用来代表老师。班徽中的每一部分所包含的意义都是孩子、家长和老师共同敲定的，明确表达出了班名的精髓。

班歌的选择与意义

我和家长的水平有限，班歌只能改编于现有歌曲。大家找了很多儿童歌曲，最后一致决定改编《幸福拍手歌》，把"幸福"两字改成"快乐"，命名为《快乐拍手歌》，作为我们这个"快乐家庭"的班歌。

班规的制定与规范

这部分内容主要是由我来完成。由于孩子们年龄小，我和家长共同商定编写一些朗朗上口的儿歌。今后会随着孩子们知识的积累和能力的提高，由他们自己商量制定，这只是初级阶段的目标。

在整个过程中，孩子们虽年龄小，参与的热情却非常高。在家里与家长积极商议，在学校能清楚地说出班名、班徽所代表的含义。在大家的共同努力下，班级精神文化家园初步建成，孩子们的集体意识也在这个过程中得到了强化。接下来我们就按照目标一直奋斗下去，共建一个有爱、有度、有乐的"家"。

在集体生活中，学会关爱他人

要让孩子热爱、关心集体，首先要让他们学会关爱集体里的每一个人。如果大家都能像兄弟姐妹般互相关心、帮助、照顾、鼓励，那么这个班集体一定是和谐的、温馨的。

"大帮小"计划

一年级的孩子自理能力较弱，系鞋带，整理书包、衣物，正确洗手等，需要榜样的引领与帮助。王月是班里的大姐姐，我第一个教她做力所能及的事，因为她的父母常年在外打工，如果帮她学会了照顾自己，不仅可以减轻家人的负担，还能成为其他孩子的榜样，增强她的自信。"大帮小"计划果然奏效，班级里时常看见王月一会儿帮范诗琪系鞋带，一会儿帮李易达整理书包，一会儿帮王孜拉衣链。当小朋友们向王月表达感谢时，她总是微微一笑回应:"不客气。"孩子们越来越喜欢这位大姐姐,也学着王月的样子力所能及地帮助同学,这样,"家"的感觉更浓厚了。

学会关心别人

六七岁孩子的生活总是充满着欢歌笑语,很少有感到难过的事,但这天小琪却趴在我的怀里哭了。她边哭边向我诉说着:最疼爱她的姥爷去世了,再也不能陪她玩给她买好吃的了,她很伤心。为了缓解她的情绪,我紧紧地搂着她。孩子们看到这一幕,纷纷围过来,关切的话语接踵而至:"小琪,你别哭了,我来陪你玩。""我把好吃的给你。""我给你唱首歌吧,你不要不开心了。"孩子们的安慰换来了小琪的微笑,这就是孩子最纯真的情感。那一刻,孩子们学会了关心人,内心充满着爱,班集体里充满着温馨。

感受集体的温暖

每个孩子的生日我都会牢记在心。这一天,我会向大家郑重地宣布:"今天是个快乐的日子,是某某小朋友的生日,大家有什么祝福送给他(她)吗?"孩子们都会争先恐后地向他(她)表达自己的祝福,并送上亲手完成的小制作、小绘画。而我总是为每个过生日的孩子送上一本书,上面写着:亲爱的某某小朋友,祝你生日快乐!"快乐家庭"的每一个人都爱你!接着大家就为过生日的孩子表演节目,让他(她)尽情地享受"生日盛宴"中兄弟姐妹带给他(她)的快乐。小班长得肺炎住院了,我把这个消息告诉孩子们。他们纷纷向我要她的电话号码,都想给她打电话。我便趁机让每个孩子为小班长做一张祝福卡,祝福她早日康复。小班长收到祝福卡时,那满脸的喜悦、充满幸福的笑声,都源自同学们的祝福、班集体的温暖。

让孩子们在平凡的集体生活中感受到什么是爱、怎样去爱以及爱与被爱的幸福,感受到集体的温暖,这样的集体怎么会让孩子不爱、不关心?

在各项活动中，强化集体意识

每个学生都是班集体的主人，班主任是各项活动的组织者、指导者。我会组织学生参加各项竞赛，开展丰富多彩的主题活动，激发他们全身心地投入展示自己、展示集体的过程中，懂得获得成功源自每个人的努力与付出，从而强化孩子们的集体意识。

学校组织的学科竞赛、文艺表演以及体育比赛等活动，为培养孩子们的集体荣誉感提供了最佳途径。在朗诵比赛中，有的孩子总是找各种理由逃避练习。于是，我带着他们观看别的班学生的练习场景。让孩子们感受到集体的成绩不能缺少任何一个人的努力，要为集体荣誉而努力。为了能在夹球比赛中取胜，孩子们提前半个月就开始练习，赵思莹总是夹不住球，王月就一遍一遍不厌其烦手把手地教她。当谁跑得慢了或中途摔倒了，大家就一起为他加油。

于是，孩子们学会了克服个人困难，学会了一起面对挑战，这就是活动给孩子们带来的成长，孩子们在每项竞赛活动中也都有所收获。个人友情、成功喜悦、集体温暖，越来越被孩子们所重视、所关心。这个大家庭也在孩子们的努力下越来越具有凝聚力。

这个刚刚形成的班集体，将会伴随孩子们走过未来六年的时光。"快乐家庭"的每一个成员将用爱心筑巢，用真心付出，在这个大家庭中快乐地收获每一天。

（焦忠宇，黑龙江省齐齐哈尔市富拉尔基区长青乡海格小学校）

让学生成为班级的主人

案例

激励、自主、开放

——例谈集体建设中班级管理优化策略

　　班级管理的科学性和实效性关系着一个班集体的成长，也关系着集体内每个学生的身心发展。构建富有生命力的、有益于学生生活与发展的班集体，除了班主任的努力，学生更是其中不可或缺的重要组成力量。

　　但长期以来，班级管理中存在着学生对集体共建关心不够、参与不足的现状。这是由于一些教师受传统的"师道尊严"的影响，以及班级教育中偏重学生知识学习，缺乏人文素养的熏染等现实因素，导致班主任在班级管理、学生培养中存在一些误区，体现为以下方式：（1）"威权式"管理方式。有些班主任以绝对服从与"整齐划一"的标准来要求学生乖顺，这常常导致学生在行为上表现为自保、退缩，在集体事务上缺乏主动性。（2）"包办式"管理方式。长期以来，保姆式班级管理充斥校园，不少班主任包办了班级的日常生活和事务管理，天天驻守在教室。事无巨细的管理，扼杀了学生在集体生活中本应具有的主动性和创新精神。（3）"重智育，轻德育"。班主任的工作重心偏重在学科知识教学上，忽略情意、技能、认知等多维目标的达成；缺乏对学生的了解、信任、协助与鼓励，无法给学生提供一个温暖和谐的集体气氛，更无法让学生在集体实践中获得成就感，培养科学评价、欣赏的观念，与社会接轨。

这些片面的认识和简单的做法致使班级管理陷入僵局，学生不关心集体，被动参与，缺乏主人翁意识，班集体建设更缺少应有的朝气与向上的活力。根据以上种种不足，我采用以下策略引导孩子参与班级共建，在集体中形成自主、全纳的意识，涵养责任感与创新精神。

运用"激励性"策略，开发岗位，促生共治意识

管理心理学研究表明，团体成员以不同的形式参与集体各方面的管理工作，不但能提高成员士气、改善心理氛围、密切人与人之间的关系，而且能有效地提高学习、工作效率。要使学生产生集体主人翁意识，岗位设置至关重要。而要使班级的岗位真正"做实"，"激励性"策略必不可少。

全员设岗，用责任激励

班级采用"人人有岗、人人轮岗"制，所有孩子都可以在同一起跑线上参与班级管理，竞争具有公平性，又避免了由班主任指定人选所造成的主观、片面以及由此使学生产生的不公平感和逆反心理。学生既是管理者，又是被管理者，彼此会更多一份理解和支持，进而产生融洽的心理氛围和群策群力、团结合作的人际关系。我们班级的岗位不分大小，先以学生的自主选择为依据，再根据实际需求进行调配。学生在岗位上做着自己喜欢的事，自我价值实现的迫切感和为集体服务的成就感与责任感，会极大地激发他们工作的主动性与创造性。

公平轮岗，用数据激励

为了让班级管理有章可循，班级的纪律部、活动部、学习部等部门负责人均要列出纪律、卫生、学习等方面的具体条款，全体同学共同讨论，制定出必须遵守的岗位细则，实施考核制度。参考学生在校的综合表现，将学生在岗位上的所有行为予以量化记分，每个月公布积分，并把积分作

为轮岗和评优的依据，使岗位管理"有据可依，有据必依"。具体操作是：部门负责人评价与全体评价相结合，以"五星"为衡量标准，五星得票率90%以上的同学，可以优先选择留岗或者轮岗；评价较低的同学，则由各部门负责人根据收集的意见再次进行培训或者进行转岗。同时，在学生正视错误并及时改正之后，还会给这些学生适当地加回被扣的分数，以鼓励他们不断进取。学生们在量化评星数据面前，可以直观清晰地看到自己的缺漏，加以改进，也可以直接收获认可、体验成功，工作效率与积极性大幅提高。

层级晋岗，用榜样激励

榜样激励在集体建设中至关重要。它为学生提供了发现、发展自我之长，发现、克服自我之短的成长机会，学生在优秀榜样的激励下，能加速完善自我的同时带动了集体的凝聚和进步。集体中的榜样可以是热情为同学服务的岗位能手、文明守礼的礼仪标兵、勇于拼搏的运动员，还可以是学生们最喜欢的某位老师、学校校长，等等。据此，可以将班级岗位延伸到年级岗位、校级岗位：当学生在班级某个岗位已经得到所有人认可时，就可以晋级到年级任岗，如从"班级图书管理员"到"年级图书管理员"，从"值日班长"到"代理班主任"再到"校长秘书"等一系列的晋岗。孩子们在集体优秀榜样的引领、激励下，能不断磨炼自己，向更高更好的目标前进。

从人人参与岗位获得集体存在感，到竞岗评价收获工作中的失败与成功经验，再到晋级岗位体验到成为榜样的自豪与荣誉，在这样一步步地激励下，学生自然而然地实现了原本对集体事务事不关己到如今热情投入、出谋划策的巨大转变。

运用"自主性"策略，借助活动，激发参与精神

立足学生立场，点亮自主意识之"光"

活动是建设集体的必由之路。班队活动的活力来源于学生立场，来源于从真实的集体生活中发现问题并解决问题。

学校军训期间，每天都有小队长报告某某同学由于动作不规范、开小差等导致小队被教官批评。我介入个别情况处理了几次，也不见好转。于是早会上，我向小队长提出了问题："你们觉得他们做不好的原因是什么？你们为什么不直接提醒他，而是告诉了老师？想办法解决问题才是根本呀！"接着，我请被点名的学生先解释原因。有的说没有午睡，下午犯困；有的说站太久了，累了；有的坚持自己没有走神，就是不知道为什么老是慢了半拍……。于是，我们集体讨论该如何帮助他们改善现状。在讨论中，孩子们商定成立了"监控组"，由那些与不午睡的孩子在同一个午托班的学生组成，中午严格督促该生睡觉；"指导组"专门给那几个动作不协调、不够熟练的同学进行课间特训等。在接下去的军训中，我仍然保持只看不说的状态，默默观察着他们的实际操作，我发现：孩子们的埋怨少了，教导性的语言多了，被帮助的孩子虽然偶尔还会小小争辩一下，但看着帮助他的同学那么认真的眼神，就会感到不好意思而更认真地参与训练了。在总结活动上，同学们分享了自己在"监控组"和"指导组"的心得与收获，有的还写道："教一个人就这样吃力，当老师真是太辛苦！""为了教她，我四面转法示范了好几遍，差点把自己转晕了，不过，终于把她教会了，我觉得我们两个都很棒！我还请老师给我们俩留了影作为纪念。"

让学生学习在集体活动中自主发现并解决问题，意在点燃学生在集体中的自主意识之"光"。而正是自主意识和自主行为的发展，让激发每个学生进一步参与集体建设、探索自身与集体的关系成为可能。

夯实学生立场，传递自主行动之"力"

在唤醒学生在集体生活中发现问题、主动解决问题的能力之后，怎样让所有学生都自觉地参与到每次集体活动中？怎样落实"人人有事做，事事能做好"的全员实践目标？我们尝试依托小组建设及相关的主题班队活动来落实。

我把军训汇报作为一项活动任务交给学生们，请他们思考班级展示的口号、服装、动作、道具，以及想要呈现一种怎样的班级风貌。同时提示他们，可以按照建立小组的方式来完成相关任务的分工和实施。于是，学生们经历了组建小组的磨合，进行了按观点、按情感、按自然组分工等几种尝试，最终决定根据每次活动的内容来调整分组的方法。在组内分工上，他们也经历了从"一人撑起一个组"到学会根据每个人的情况"按需按层次"分配任务，互相督促和补充的过程。在实现任务的过程中，学生们从一开始上台的手足无措，转变为到现在会自如地讨论每个人如何站位、串词，等等。在这次自主活动中，学生们终于初步实现了在集体活动中全员参与，他们的主动意识也进一步增强。

开放学生立场，探究自主活动之"趣"

以往的集体活动中，班主任往往以强势的团体心理辅导、知识教学、行为训练等为载体开展工作。这些行为忽视了学生的自主发展，极大程度地降低了班主任工作的专业品质和学生的集体生活品质。因此必须提倡学生的自主实践，集体活动的提出、组织、策划应该由学生来自主完成。

既然是孩子自己的班集体，那么寻找和创造有新意、有趣味的活动主题，当然也少不了他们的建议。"春秋游策划"系列：大到去哪儿玩、体验哪些项目，小到每个小组带多少垃圾袋、地垫等，所有问题都由活动部牵头，带领小组长共同策划。"大手拉小手"系列：我们和"对口"的一年级（3）班的孩子们一起进行"创意环保服装秀"，用废物改造出了"科幻小王子""梦幻精灵""动漫风"等系列服装。这一活动的成果不仅仅是材料的被改造，更是活动过程中大孩子与小孩子智慧火花的碰撞和动手能力的提升。以节日为载体的"劳动节水果拼盘大比拼""妇女节大声说出爱""教师节感谢不仅仅是一句话"等小创意，更是完全激发了孩子们对集体活动、对班级文化建设的热情。

运用"开放性"策略，多元评价，实现共同成长

在集体之中，评价是具有导向作用的。在班级管理中对多元评价的准确高效运用可以让集体真正成为一个自主、和谐和全纳的组织。要实现这一目标，在评价方面要运用好"开放"这一策略——既要有老师对学生的评价、基于学科的评价，更应该有交互的师生、生生评价，以及学科以外的多维度评价。

在评价学科作业时，老师不仅要关注答案的正确率，也要考虑"书写美观""书写速度快""卷面干净""和昨天的自己相比有进步"等维度的评价。同时，我们在班级设立学习部，由学科的科代表每月进行一次作业检查，经过学生自主讨论，选取一项内容进行点赞评价，如"最详细资料补充""最整洁作业本""最准时缴交"等。

在学科之外，老师更应该运用开放策略，给学习上比较吃力的学生留出可被多元评价的机会。我们周一的班队会课上，定期发布"好人好事榜"，由班级岗位负责人轮流向大家分享"好事记录"和"进步记录"等；针对在日常班级活动如早读、早操、午休、卫生等方面有明显进步或者持续好评的学生进行单项奖励；每周还会优选一人给他写"个人传记"。学生们在这样不断强化正面评价的集体氛围中学会肯定、互相促进。这种由老师而起，终于学生自主的多元、分层次的评价，拉近了集体中师生、生生的距离，让所有集体成员都感到特别舒心而又温暖。

活动中的评价更可以促进学生的全方位共同成长。在"最强小队"系列活动中，我们会通过班级日常常规活动"值日快静齐""最美手抄报""一日班主任"的展示和评比，选出"最强小队"。在活动中，其他小队的成员都要针对展示小队的每一个成员进行评价，找出优缺点，提出改

进建议。如同在照四十多面镜子一般，每个孩子的小问题都得到及时的诊断与解决。在这样的集体评价体验中，孩子们在相互观察、评价、反思、重建，慢慢地，每个人都获得了不同程度的进步与提升，也确保了集体的均衡发展和学生的共同成长。

综上所述，要改变班级管理中孩子参与度不高甚至不关心集体的现状，建设富有生命力的班集体，教师改变观念是核心。我们要充分信任每一个学生的发展，激励而后自主，自主而后开放。运用"激励性"策略让孩子在岗位平台上收获认同与成就感，运用"自主性"策略让孩子在班会活动中体验创新与协作，运用"开放性"策略让孩子在多元评价中学会理解与悦纳，从而使每一个孩子真正成为班级的主人，使我们的班集体成为师生共营的美好家园!

（许秋鸿，福建省厦门市思明小学）

让学生在集体生活中成长

案例

因材施教成就向心力

虽然班主任在工作中都非常注重培养学生的集体意识，也常常通过各种集体活动来增强班级凝聚力，但总有少数学生似乎对集体漠不关心，究其原因，各有不同。如果我们能根据不同学生的情况采取相应策略，就能帮助这些学生更多地关注同学、心系集体，与集体一道更好地成长。

让羞怯胆小的他在集体中抛头露面

小天平日给人的感觉是少言寡语，安分守己，总是埋头做自己的事，每次民主调查或是给班级献计献策，他总是寥寥数语，毫不热心；对任何班级活动也都是极力回避，实在躲不了也是面无表情，像个木头人。在了解原因的过程中，我听到同学们反映，老师不在班上时他其实很活跃，而且十分爱打闹，说明小天可能是性格有些羞怯胆小，特别是在老师面前。为了促使小天更好地融入班集体，我经常找机会让他为集体做事，比如发垃圾袋、临时收发各种资料、擦黑板等，总之，就是要让他更多地"抛头露面"，然后及时对他所付出的劳动和做出的贡献在班上给予表扬。久而久之，不断收获掌声的小天果然在集体事务中变得不再那么冷淡消极了。我又趁热打铁，特意让他要好的朋友多鼓励并引领他积极关注集体，参与活动，分享感受。现在，小天的参与意识越来越强，集体荣誉感也明显增强了。

苏霍姆林斯基曾说，要从一切方面去帮助学生，就得从一切方面去了解学生。没有天生不关心集体的孩子，只是他们曾经在参与中因为种种原因多次"受伤了"，出于自我保护的心理，他们就逐渐条件反射般地远离了"班集体"，或是表现得"满不在乎"。这时如果班主任再施加压力或者批评指责，往往会导致他们对集体的"离心力"越来越大。但如果我们给予机会甚至创造机会让他们锻炼、展示，就能帮助他们克服内心对"集体"的恐惧心理；如果我们给予及时的肯定和赞扬，就有利于他们更好地融入集体之中。当然，羞怯的心理使他们在做出改变时往往显得不那么自然，这时如果"朋友圈"的同学能给予积极暗示，则往往有更好的效果。当他们的朋友圈扩大了，对集体也就越来越关心了。

让只顾学习的她为班级和同学服务

小林学习成绩优秀，各方面表现似乎都很好，但是每次阶段评价同学们总不能给她"全优"，理由是不关心集体，例如从来没有做过班级"志愿者"，负责板报的同学请小林帮忙，可她总是找各种理由推脱。前不久我推荐她做副班长，班上同学经过民主讨论也通过了。可在我宣布的第二天，她就来找我"辞职"了，理由是怕影响学习，而且态度很坚决。真的仅仅是因为影响学习吗？通过了解我得知，她的妈妈在每次考试前都给她设置"目标"，如果没有达到目标，就得报补习班。为了不参加假期辅导，她在父母的"劝导"下放弃了所有班干竞选，对集体事务也漠不关心，久而久之就习惯了"两耳不闻窗外事"。解铃还须系铃人，我通过与小林爸爸、妈妈进行沟通，转变了他们的观念，并且做通了小林的工作。后来，我让小林从做组长开始，积极为同学们服务，同时也协助我做很多事。结果，不仅她的成绩没有落下，而且她脸上的笑容也越来越多了。

美国心理学家詹姆士曾说，人类本质中最殷切的要求是渴望被肯定。没有一个孩子仅仅是为了分数而乐意学习，更没有一个孩子不想得到更多的关注。父母是孩子们的榜样，他们的价值观在无形中影响孩子的成长。当孩子的价值观出现偏离的时候，我们追根溯源，发现病根往往还是在家长身上。这时如果我们在充分了解家庭教育背景的基础上，先与家长取得共识，转变父母的教育期待，再做孩子的思想工作，那么就有可能给孩子创造一个更为健康的成长环境，这些"学霸"型学生因为成绩的压力而不敢、不愿关注集体的问题也就迎刃而解了。

让多才多艺的她为班集体做贡献

小雪多才多艺，钢琴、舞蹈、绘画、主持等方面都有一定的基础，并且活泼大方，也乐于展示，但最近一段时间我发现她越来越不热衷于班级内的活动，也不太关心班集体的荣誉。课外，除了写作业就是忙着参加学生会管乐团合唱团等的活动，并对同学们说："班级舞台太小，我觉得没意思。"久而久之，班上的同学和她玩不到一块儿，她也与班集体渐行渐远。为改变这种状况，一天晚饭后，我特地请她陪我去操场散步，走到一个为合唱团用箱子拼凑的舞台边，我问她："你是愿意在这个大舞台上表演，还是愿意在其中一只箱子上展示呢？""那肯定是整个舞台上啊！""但如果把每个箱子都挪走，舞台在哪儿呢？"小雪不语。接着，走到一片灌木丛，我指着中间的几根竹子说："你看竹子超越了灌木丛，所以能傲然挺立，看得更远。但如果把淹没在灌木丛中的那部分竹子砍掉呢？""我懂了，老师！"孩子的心都是敏感的，也是善良的，当他们在成长中出现迷雾的时候，老师只要循循善诱，就能让他们走出来，而且不留伤痕。

善于展示的学生往往对自我价值的实现有着更高的心理需求，这是他们进步的助推剂，也是他们成长的活力之源。但当有了一定的阅历后，他们往往会觉得班集体的范围太小，分量不够，其实这是他们在寻求更大的集体认同。如果我们给他们扣上"自私""自大"甚至"忘恩负义"的帽子，会有失公允，甚至让他们成为同学们负面情绪的宣泄口。反之，如果循循善诱、巧妙点拨，既能让他们"回心转意"，也能保护好孩子善于展示、乐于表现的积极性。此时，如果给予他们更多的机会，让他们去组织活动，去引领同学，去承担更大、更新的任务，他们就会在一种"使命感"的驱动下，充分挖掘个人潜力，为集体做出更多的贡献。

总之，当发现个别学生不关心集体时，如果我们俯下身耐心倾听并分析表象背后的心理因素，因材施教，巧妙地化解他们成长中的压力，改善其成长环境，循循善诱，那么每一个孩子都会由于集体的"向心力"而关注同学，心系集体，建设集体。

（汪开栋，江苏省南京东山外国语学校）

班集体：学生成长的精神家园

班集体由整个班级所组成，以完成学校教育任务为共同目标，是有一定组织机构、规章制度的学生共同体。针对班级中一些学生不关心集体的现象，班主任应当认真分析其原因，引导学生充分认识班集体在自身成长发展过程中、在学生社会化和个性化过程中所具有的不可替代的作用，从而增强班级的荣誉感和责任感，共同建设好班集体这个学生成长的精神家园。

认真分析学生不关心集体的具体原因

分析问题是解决问题的前提。一些学生在班级生活中不关心集体的原因可能是多方面的。既有学生个体的主观因素，也有班级群体的客观情况；既有班级小环境的因素，也有社会大环境的影响。因此，需要进行客观分析和正确研判。

学生思想认识有偏差

思想是行动的先导。一个人无论做什么事情，都是先有思想后有行动的。从学生方面来看，可能是由于有的学生思想观念不正确，认为"学习任务重，时间精力有限，升学压力大，分数是硬道理，只要把自己学习搞好了，其他都不重要，班级只是一个临时性的组织，关心不关心都无所谓"，因此对班级活动不感兴趣，能不参加就不参加，集体荣誉感不强。也有的学生可能是角色定位不正确，认为"自己不是班干部，只是班上的一名普通学生，关心班集体是班干部的事，与我无关"，因而事不关己，高高挂起。这是一些学生自私自利，缺乏集体观念的思想认识根源。

班级缺乏凝聚力

凝聚力是集体中人心的聚合力，对于班集体至关重要。从班级方面来看，可能是因为还没有形成良好的班集体。如班主任没有突出学生的成长地位，没有发挥学生的主体作用，班级没有形成班干部管理队伍和团结向上、互帮互学的风气，班级活动组织开展得少，班干部没有感召力，班级缺乏凝聚力、吸引力，班级管理松散，导致学生对班级缺乏归属感，"班级不过是一个许多学生的简单集合"。表现为一些学生对班级工作不感兴趣，有的学生不愿当班干部为班级服务，等等。

社会大环境的一些负面影响

社会性是人的主要特性，学生的成长离不开社会。从社会方面来看，经济全球化、价值多元化、信息网络化为学生了解世界、增长知识、开阔视野提供了更加有利的条件，但也给学生的成长带来一定的负面影响，导致一些学生人生观、价值观发生扭曲，个人主义滋长，只关心自己，只考虑个人利益，不关心他人和集体。因此，需要班主任加强价值引领，使学生在多元中立主导，在多变中把方向，在多样中谋共识，培养学生的集体主义精神和主人翁责任感，使学生懂得在学校不仅要学习知识、学会学习，还要学会做人、学会合作、学会交往，学会健康生活和责任担当，努力成为一个全面发展的人。

正确认识集体在学生成长发展中的重要作用

解决学生不关心集体的问题，首先需要在思想上正确认识班集体在学生成长发展中的作用。

班集体与班级不完全相同

班级是学校工作的基层组织，是教育教学质量管理的基本组织单位。班级与班集体不是完全相同的两个概念。班级，作为一种教学组织形式，是班集体形成的组织基础，班集体只有在班级这种形式的基础上才能逐步建设起来，但并不是每一个班级都称得上班集体，它需要经过大量组织教育和管理工作才能形成。班级更侧重于组织名称，而班集体则是一种价值判断，反映组织的性质和水平。马卡连柯曾指出："集体是活生生的社会有机体，它之所以是一个有机体，就是因为它那里有机构，有职能，有责任，有各部分之间的相互关系和相互依赖。如果这样的因素一点也没有的话，也就没有集体了，所有的只是随随便便的一群人罢了。"[①]

有学者将新中国成立以来我国班级生活变革分为三个阶段：20世纪五六十年代至80年代初，是集体主义与管理主义比较突出的阶段。20世纪80年代初至90年代初，是班级工作中学生的个性与自主意识逐渐彰显的阶段。20世纪90年代初至21世纪的今天，是班级工作向个体自主权全面开放的阶段。该学者在肯定班级生活变革积极意义的同时，也分析其存在的弊端：无法培育自由自主发展的人，不能赋予人以充沛的生活意义，指出我国中小学班级工作要继续发扬并强化传统对学生集体精神的培养。[②]因此，我认为集体主义精神的培育是班级生活的一条主线，是社会主义国家学校班级生活的特色，班集体建设应当是班级工作的基本目标和重心，必须增强教育自信，加强价值引领。

班集体是一个结构完整的统一体

班集体包含共同目标、组织机构和骨干队伍、共同活动、班集体的人

---

① 马卡连柯. 马卡连柯全集：第五卷 [M]. 北京：人民教育出版社，1956：226-227.
② 卜玉华. 我国班级生活当代变革的伦理批判与重建 [J]. 南京社会科学，2017（9）：144-149.

际关系、共同的规则和舆论五个结构要素，这五个结构要素在班集体中发挥着各自独特的作用，是班级凝聚力形成的重要组成部分。班集体的共同目标是集体发展的导向，组织机构和骨干队伍是班集体建设的组织保证，共同活动是班集体形成的重要载体，班集体的人际关系是班集体形成发展的心理环境，共同的规则和舆论是班集体形成的最重要标志。班集体的结构要素是一个整体，它们之间既相互联系，又相互制约、相互促进，形成了一个结构完整的班集体的统一体。

班集体是培育学生核心素养的重要场所

中小学生处于长身体、长知识的重要时期。在班集体建设中，班主任要帮助学生正确认识个人与集体的关系。人的本质是社会关系的总和，人不仅具有自然属性，而且具有社会属性。集体由个体构成，集体荣誉要靠大家来维护和创造，个人本事再大，离开了集体也就无所作为，个人离不开集体，个人也只有在集体中才能实现人生价值，才能促进人的全面发展。只有在集体中，个人才能获得全面发展其才能的手段，也就是说，只有在集体中才可能有个人自由。班集体是学生成长的摇篮、活动的基地、陶冶的熔炉和自我教育的课堂。国外许多品格教育方面的资深研究人员和著名心理学家，如埃里克森、里克纳、爱德华·瑞恩、内尔·诺丁斯等认为：营造一种关怀的、民主的班级氛围，是发展学生品格的必要条件，这种氛围的形成必须满足学生三个方面的心理需要，即自主（Autonomy）、归属感（Belonging）和能力（Competence）。这就是著名的品格教育 ABC 理论。而班集体就是学生形成个人发展和社会需要的必备品格与关键能力的重要场所。正如俞敏洪在 2016 中国教育明德论坛上所说的，真正的核心素养是来自孩子们能够共同在一起，能够养成团队精神，能够互相合作，能够互相交朋友，能够懂得尊重别人，懂得人与人之间是平等的这么一个概念，那叫核心素养。因此，学生核心素养的培育离不开班集体这个学生成长的精神家园。

切实解决学生不关心集体问题的对策建议

在引导学生正确认识班集体在学生成长发展中的作用的基础上，班主任要以身作则、为人师表，当好学生的引路人，提升自身的人格魅力，并通过加强班干部队伍建设、班集体舆论建设、优良班风建设和组织开展丰富多彩的班级活动，切实增强班干部的感召力、班集体的凝聚力和向心力以及班主任的领导力。

增强感召力：建设优秀的班干部队伍

班干部是班集体的核心，是班主任的有力助手。因此，班主任要重视班干部的选拔培养，充分发挥他们在班级中的正能量作用。班主任要加强班干部的教育引导，树立为同学服务的思想，并以身作则起表率作用。在集体活动中培养班干部的工作热情。让学生自己去组织、设计班级活动，锻炼才干、培养能力。帮助班干部处理好学习与工作的关系，合理支配时间，做到学习工作两不误、两促进。要特别重视保护班干部的积极性。对他们为班级所做的有益工作，要及时给予充分肯定；对偶尔出现的问题，要主动出面予以解决，并为其承担责任。总之，对班干部既要交给任务，又要教给方法；既要大胆使用，又要关心扶持；既要热情鼓励，又要严格要求；既要在培养中使用，又要在使用中培养。在此基础上形成班集体的核心，增强班干部的感召力。

增强凝聚力：形成健康的班级舆论

班级舆论是指班级中健康向上的言论，它能弘扬正气，激发班集体中积极进步的因子，克服和纠正消极落后的东西，从而引导学生明辨是非，激发他们的集体荣誉感和责任心。健康的班级舆论反映的是班级多数学生的意愿、态度和倾向，当它与一定的规范相联系后，对班级成员的意识和行为具有很强的动力作用。因此，在班级工作中，班主任要加强价值引领，将社会主义核心价值观融入班级教育管理的全过程，使之像空气一样无处不在、无时不有，从而形成健康的班级舆论，增强班级的凝聚力。班风发端于舆论的形成，班集体的舆论持久地发生作用，就会形成良好的班级风气。优良的班风是一种无形的教育力量，可以潜移默化地影响全班学生的思想行为，有助于增强班级的吸引力。

增强向心力：开展丰富多彩的班级活动

坚强有力的班干部队伍、正确的班级舆论、良好的班级风气不是自发产生的，班集体不是在静态中形成的，丰富多彩的班级活动是增强班级向心力的有效途径。一个班集体能够把几十个互不熟识、个性各异的学生个体联合成一个有机整体，并且产生强大的合力，其重要的载体便是集体活动，在班级活动中培养班级的集体主义精神。要让每一个学生都懂得什么是集体，懂得个人与集体的关系，正确认识自己在集体中的位置和作用，认清自己对集体的责任和义务，从而自觉地关心集体、爱护集体，并把自己的言行与集体荣誉联系起来，把个体融入集体之中，最终把集体目标内化为个体目标。通过建设和谐、共享的班集体，使每个学生心情舒畅、健康成长，班级工作生动活泼、有序开展。在促进全面发展的成长道路上，一个都不少；在实现自己人生理想的学习生活中，施展才华、放飞梦想。

增强领导力：创新班级管理模式

班级管理是班集体形成和学生健康成长的过程。在班集体建设中，班主任要实行班级目标管理。目标是一种很有吸引力的指向，是班集体建设的动力，是紧密团结全班学生的纽带。确定的目标应具有针对性、激励性、层次性和阶段性，使学生明确个体成长目标在集体目标中的位置。当有了目标后，就有了团结奋斗的不懈动力，引导学生齐心协力，团结协作，互相配合，在实现班集体奋斗目标的过程中，体验成功的欢乐和获得荣誉的自豪，增强集体荣誉感。

班级管理要坚持制度管理、民主管理和文化管理相结合。班级管理首先是制度管理，正如魏书生老师所言，班集体建设在某种意义上讲也可以称为制度建设。制度管理是班集体能够正常运行的基本保证。在班级制度管理的基础上要实行民主管理。班主任要组织学生参与班级管理目标的确定，参与班级工作计划的制订，参与具体管理活动的开展，做到"事事有人做，人人有事做"，避免出现"有事没人管，有人不管事"的现象，增强学生的主人翁责任感、集体荣誉感。文化是一个国家、一个民族的灵魂。文化管理是民主管理发展的必然要求和应然取向，是对传统管理模式的超越，班主任要坚持用思想管理班级，用文化提升品位。班级文化管理是在制度管理、民主管理的基础上建设崇高的班级精神，有利于形成良好的班级风气，营造和谐的人文环境，促进人的全面发展。

（黄正平，江苏第二师范学院研究员，江苏省教育学会
班主任专业委员会副理事长）

7

班级排座位发生矛盾，
怎么办

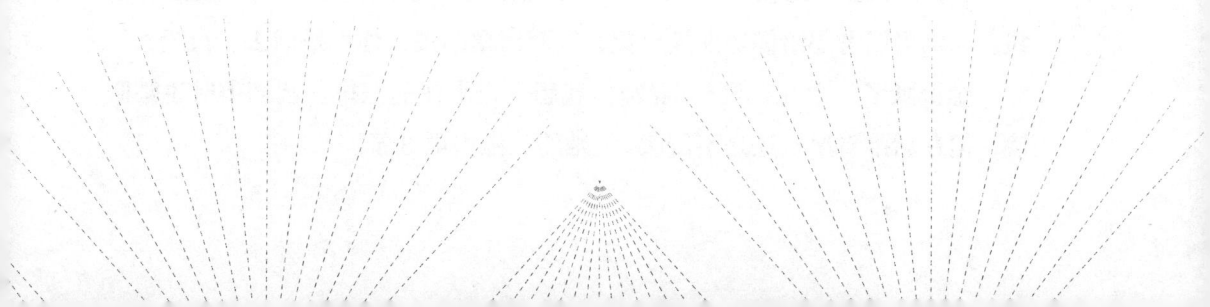

?

直面矛盾，引导学生解心结

案例

孩子，请给我充分的理由

新高一开学伊始，我以学生入学体检表上的身高为依据编排了座位，自认为还算公平公正。可众口难调，这不，临时班长来"为民请命"了："老师，小群眼神不好，坐在第五排看不清黑板，能给她调换一下座位吗？"

"让她自己来找我。"刚接手这个班，我对很多学生情况的了解还只局限于他们的学籍卡片。

几分钟后，一个身高大约1.7米的女孩站在我面前。"老师，我眼睛近视，坐在后面看不见，把我调到前三排吧。"说话时，她脸涨得红红的，手在裤缝上来回揉搓。这是一个腼腆的孩子，我对她的性格做了初步判断。

"近视多少度？配眼镜了吗？"

"400多度，配眼镜了……因为散光比较厉害，眼镜要特殊定做，还没取回来。"后面的话说得很不确定，让我觉得里面有一些可疑的成分，但我选择相信她。

"你个子确实比较高，如果一直坐在前排，后面同学上课会被挡住视线。老师可以考虑给你短期换座位，等眼镜拿回来，你再换回去，行吗？"

她沉默了一会儿，说："老师，我想一直坐在前三排。我初中时也戴眼镜，但在后排看黑板还是不舒服。"她的脸涨得更红了。

我只是静静地听着，没有说话。

她看我没表态，赶紧补充道："我和小林说好了，我们俩换一下座位，她喜欢坐后面。"

我意识到"近视"仅是她调换座位的托词，心中有些微怒，但仍微笑着说："小群，我也是个近视眼，知道上课看黑板确实很费劲。可是我们坐在教室后排，毕竟还能借助眼镜看清黑板，如果把小林放在后面，以她的身高可能什么都看不见了呀。"

她还想再说什么，又似乎觉得理亏，也就不再说了，但眼泪却掉了下来。我抽出纸巾递给她，拍拍她肩膀说："你先别急着今天就说服老师答应你调换座位。我一会儿看看座位表，让别的同学先和你临时调换几天。"

接着，我话锋一转："咱们这几天正在学《烛之武退秦师》，我问你一个问题，烛之武是如何说服秦君的？"她愣了一下，摸不清我是什么路数。

我再点拨："你要说服我给你调换座位，而烛之武是要说服秦君退兵不再攻打郑国。语言艺术是相通的，你想想烛之武在游说时是立足于谁的利益角度呢？"

"老师，您的意思是，我在提要求时不应只考虑自己，而应该从对班级、对他人有利的角度考虑，是吗？"她的眼睛一亮。

"小群，真是冰雪聪明，"我微笑，"你下次再来找我调换座位，理由要再充分一些，像烛之武一样有理有据。当然你也可以把自己假设成老师，看看有没有对大家都有利的座位调整方案。"

第二天，我把小群临时调整到第三排靠窗的位置，不至于阻挡后面同学的视线。

之所以没有任由小林与她互换座位，是因为我私下了解到，小林平时爱玩手机游戏，比较散漫，她想去后排并不是要帮助同学，而是希望远离老师的"监控"。如果不做调查，就任由学生自行调换座位，不仅是对学生的不负责，更会使班主任的公信力受损。

几天之后，小群又找到我说："老师，很抱歉，我撒谎了。我之前一直想坐前三排，是觉得老师可以更多地关注我，我也能更专心地学习。"说着，她摊开一张被汗水浸皱了的纸："我这几天一直在想，怎么去说服您让我留在前三排。我画了张表格，填写我调到第三排对自己的好处、对其他同学的好处，但是我实在找不出对别人有什么好处。"她的脸又红了。

我把她的表格拿过来一看，在"对别人的好处"栏里写着"在前排，我可以用我的认真努力影响别人，用我的擅长科目英语来帮助其他同学"，我说："你看，这样理由就相对充分了。"她的嘴唇嗫嚅着，我能感受到她内心的波动。

最后，我结合身高、学识、性格等多方面因素调整了她的座位，虽然不是她最初强烈要求的前三排，但她也表示特别满意。

回顾这次"座位风波"，我自认为处理较妥当。在小群提出要求的第一时间内，我没有轻易遂了她的心愿，而是让她在受到挫折教育的同时，也意识到在集体中不能以个人意志为先而自作主张。最关键的是，利用换座位的契机，我让这个孩子懂得了在人际交往中如何合情合理地阐述自己的诉求。

之后，还有一些孩子陆续找到我调座位，理由千差万别，但我的解决办法都是相似的，即要求每个想换座位的学生找出对自己、对其他同学、对班级有利的理由或适宜的处理方式。

在开学第二周的班会课上，我们以"游说的艺术"为主题，联系生活中遇到的一些常见问题，比如请假、道歉、谈判等，进行交流探讨，让学生明白，在有诉求的时候，应该找出充分合理的理由来说服对方，从"小我"中走出来，拓展思路，关注他人。

（邓文卓，首都师范大学附属中学）

座位调整之后

今天，我对班级小组进行重新组合，从而造成学生座位的大面积变动，这引起了部分学生的不满。

利用班会课，我解释了自己调整座位的意图："我知道，长时间以来，大家对原来的小组已产生了深厚感情，同桌之间的感情也非常牢固。这是好事，说明大家都是重感情、讲义气的人，但我们绝不能感情用事。请相信我，老师这次重排座位是有一定考虑的。

"有同学说，我们小组一直都是最好的，为什么还要拆散啊？我要告诉大家，没有最好，只有更好！开学至今，各个小组的发展都到了瓶颈期，在常规考核、学习成绩等各方面，各小组名次已经基本固定，落后的小组已逐渐失去挑战先进小组的信心，先进小组的同学也十分满足于自己的表现，失去了继续努力提高的动力。大家还记得老师讲过的温水煮青蛙的故事吗？这个故事就告诉我们，大家满足于现状，对小缺点、小错误毫不在意，舒服了，麻痹了，最后我们再想努力也就晚了。所以，为了激发大家的斗志，我们必须重新调整小组和座位安排，保持班级活力，激发每个人的斗志和力量！

"请相信我，这是一次挑战，更是一次机遇。你们到了新的小组，虽然要花时间重新调整，但是新的环境、新的朋友会给你们带来不一样的感觉，会激发你们继续前进的动力。大家来比一比，哪个小组的同学适应得更快，磨合得更好？同学们，你们将来都要走向社会，而社会是处于不断变化发展中的。当你们的同事都能很快适应新环境的时候，你们还停留在今天，不就被社会淘汰了吗？再过一年多，大家就要面临高考，到时候再好的小组也要解散，大家总不能都带着自己的同桌去上大学吧？"

学生顿时哈哈大笑，笑完后又纷纷低着头陷入了思考。

最后，我说："老师还想告诉大家，这样的重组，对每一个人来说，都是一次新的开始，希望每个人都能让你的新小组因你的存在而感到幸福！"
我刚刚讲完，教室里就响起了热烈的掌声。

座位的调整，难免会给一部分学生带来不舒适，但是，这次事件告诉
我，排座位之前一定要向学生解释清调整座位的意图，否则就会引发矛盾。
同时，座位调整之后，一定要做好安抚工作，除了集体谈话以外，还需要
小组谈话、个别谈话，否则可能带来很多负面影响。

（滕陈英，江苏省锡东高级中学）

争取家长，化阻力为助力

案例

一份铺垫，一份真诚

那年，领导安排我接手一个一年级新班。经验告诉我：排座位将是我
面临的第一个难题。曾经在接新班时，我没有为此做好充分的准备，给后
续工作带来不少麻烦。这次，我必须精心预设，先行解决排座位的问题。

排座位的难点首先是家长，所有家长都希望自己的孩子坐在前排，以
引起老师更多关注。只有解除家长的顾虑，排座位乃至班级后续工作才能
顺利进行。于是，我决定，首先让家长了解我给学生排座位的原则。

学生报名注册时，我就给每位家长准备了一封公开信，内容如下。

尊敬的各位家长：

大家好！新学期伊始，排座位可能是大家非常关注的一个问题，作为
班主任，我可以真诚地说，您尽管放心，无论您的孩子坐在哪里，我都会

关注他。将心比心，每个孩子都是平等的！

下面是我的一份排座位说明，请您提出宝贵建议！

"班级座位安排原则"说明书

1. 我们将按身高进行第一次排座位，如有近视等特殊情况，请出示相关证明材料。

2. 在日后的教学中，根据学生的自制力及习惯差异，我会随时微调座位。一般情况下，自制力不强的孩子会调至前排，两个自制力不强的孩子会被分开，但前提是绝不会影响后面同学的视线。

3. 每个座位都是平等的，绝无任何等级与特权之分。

4. 请您支持我的公正，谢谢！

家长们看了这封信之后，纷纷表示完全支持我的想法，孩子坐在哪个位置都可以，但他们心中的那份顾虑还是情不自禁地表现出来。我也趁机真诚地告诉他们："在我的班级里，每个孩子都会在我的心中，孩子有问题我会随时与您沟通。我绝不会有座位歧视，请大家监督我的行动。"

一封信解决了家长在座位问题上可能给我带来的干扰，但我知道这只是暂时的，还不能完全解除后排学生家长心中的顾虑。我必须让他们看到，后排学生的表现并不逊色。当事实摆在面前时，家长们才会真正信任我，信任后排座位。

于是，排座位时，在坚持按高矮排位的大原则下，我把那些聪明能干、自制力强的好学生排在了后排，这是我多年来排座的经验。让自制力强的学生坐后排，自制力不强的学生坐前排，既便于管理，又便于学生养成好习惯。从开学起，在工作中，我真诚地关心每个座位上的学生，让每个学生都感受到老师是关注他的。我十分关注后排学生的表现，并根据具体情况对座位进行了几次微调。我从来不提座位的问题，因为我希望在学生和家长的心中淡化座位意识。

一转眼，两个多月过去了。期中考试后的一天，我召开了第一次家长会。我首先总结了期中考试的得与失，然后从习惯、卫生、纪律等方面，向家长们汇报了孩子的表现。最后，我组织家长们参观教室。参观的内容有三项：一是学生试卷，二是学生作业本，三是书桌内物品的摆放情况。参观一开始，家长们非常关注后排学生的表现，纷纷走向后排去参观，当他们从后排走向前排时，我看到后排学生家长露出了满意的微笑，其他家长也在夸赞着后排学生的出色表现。虽然我没有直接谈座位问题，但这次家长会后，家长对孩子座位问题再也没有了任何疑问。

先用一份"说明书"排除干扰，然后用行动兑现说明，一份铺垫加上一份真诚，既排除了排座位问题给工作带来的干扰，也赢得了家长们的信任。其实每位家长都希望自己的孩子是老师关注的对象，当老师真诚地给予每个孩子关注与机会的时候，当家长们看到后排学生也同样优秀的时候，当老师用真诚与正直赢得学生爱戴与家长信任的时候，孩子坐在哪里，在家长的心里就不那么重要了。

（赵春梅，吉林省蛟河市庆岭镇庆岭金城小学）

座位调整，下放权力给学生

案例

让学生自己找同桌

对班主任来说，排座位是个技术活，更是一个脑力活，身高、视力、性格、学习情况等都是排座位需要考虑的因素。记得刚参加工作时，无论我怎么安排座位，总有学生不满意，毕竟众口难调！受江苏卫视《非诚勿扰》节目启发，我决定把排座位主动权还给学生，让他们自己找同桌。

在学生自由组合之前，我首先解释这样做的理由：座位是为每一个学生发展服务的，本身并没有好坏之分。不同的座位可能适合不同的学生，不同的组合也会产生不同的效果。我举了一个例子，同样是碳原子，排列组合的不同产生了比较软的石墨和世界上最坚硬的金刚石。前面的座位距离老师近，老师的音容笑貌都能看得清楚，适合自律性稍弱点的孩子；后面的位置安静，适合喜欢自学的孩子……

然后，我和学生一起反复讨论，达成了四条基本原则：个子小的学生、视力不好的学生尽量坐在前面；座位要有利于学习；换座位要"四厢情愿"；座位按规定的顺序每两周轮换一次。经过多轮实践，我们班形成了固定的排座位模式，受到了学生、家长和老师的一致好评。具体操作步骤如下。

尊重学生，自由选配

我把选择座位的主动权交给学生，不仅是对有上进愿望的学生的信任，而且能对"座位"这一教育资源实行合理配置。在学生自由选配前，我先让学生做一个自我介绍，介绍自己的性格、爱好、习惯等，然后说出想申请的座位和自己心目中的同桌人选，互相同意后就可以"牵手"成为新同桌。不少学生通过这种方式，选到了理想的同桌，达到了长短互补或相扶相长的效果。如果没有合适座位的或者没能牵手成功的，我在征得本人同意的情况下再进行统筹安排。

影响他人，立即分离

自由选配后，如果出现某一学生影响周围同学的学习或者两个同学不适合做同桌的情况，我会根据班级实际情况进行调整，并向全班学生做出合理解释，努力不让座位问题影响学生的学习和心理健康。

要求调座，四厢情愿

当座位固定下来后，学生要求再调整座位必须符合一定的原则，绝不无缘无故随意调整。如果孩子真有特殊情况，可以向老师提出来，必须要求合理，而且征得前后同学和"左邻右舍"同意，方可调整。

定期平移，保护视力

以小组为单位，四个小组按一定时间（一般两周一次）和一定顺序（从左向右或从右向左）整体移动各小组的位置，目的是保护学生视力。

给学生排座位并不是简单的"1+1=2"。我们只有从科学的角度和人性化的角度去研究人与人的组合、研究坐的位置，并进行正确的引导，才能促进学生个体之间的互助、合作，才能排出学生学习的积极性，排出一个和谐、积极向上的班级。

（卜正华，江苏省东台市梁垛镇小学）

编排座位，重在"立足育人"

案例

让座位编排充满教育意义

很多学生觉得，一个"好"座位更有利于自己听课、学习；一些老师也认为，某个学生坐在班级某个特定位置，对该生最有利或是最有利于班级管理。他们都相信"好"座位才能起到好作用。但是，另外一些班主任看问题的角度则相反，那就是——让每个座位都变成好座位。他们的办法是：赋予座位以教育意义。

"坐遍教室每一个位置"

我的同事张老师有一个想法，就是让每个学生坐遍教室每一个座位，和每个同学都做一回邻居。为此，他定期重排座位，原则是让学生坐在自己从前没有坐过的位置上，而且四周没有挨着坐过的同学。这是一件需要花心思的事情，但是他乐得那样去排，学生也乐得那么去坐。就这样过了三年。在将近毕业的前两周，他让学生坐回初一刚进班级的那个座位，然后说："现在我们每个人都重新回到了起点，我希望你们能够重新开始。"

这座位的编排里面，蕴含着多么丰富、深邃的教育心思啊！实际上，张老师赋予座位的意义就是"体验不同的环境，尝试与每个人相处"。可以想象，当他那个班的学生走上社会以后，他们会多么快速地接受自己的位置、善待自己的位置、更好地珍惜身边的人。而当他们由于种种原因不得不重新开始时，他们会多么从容与坚强，因为他们的班主任曾用三年时间教给他们一个关于重新开始的道理。

"坐冷板凳"

苏霍姆林斯基曾说，教育工作者要使学校的每一面墙壁说话，事实上也是如此。当座位有了意义，那只板凳就会"说话"。它会提醒坐在上面的学生不断地理解这个意义，丰富这个意义。

有一位同仁在班级里专门设了一个"飞机座"，每隔一段时间都有一个学生被以抽签的方式选去（不是因为犯错被罚出去）坐这个"远离"众人的座位。他们班的说法是："要去体验一下那种坐冷板凳的感觉。"

人这辈子，说不定什么时候就会被边缘化，小时候尝尝"坐冷板凳"

的感觉，也许能让人学会反思，增强抗打击、耐挫折能力。

"理想座位周"

另一位同仁的班级每学期安排一个"理想座位周"。在这一周里，每个学生都有权"抢座"。只要你来得够早，就可以坐任何你向往的位置。过了这周，各回原位。这个过程除了好玩，也能够让学生在"抢"座位的过程中明白，自己如何做才能得到想要的座位，珍惜自己得到的座位，也让失去座位的人学会接受某种事实：如果他要得回某个座位，就要付出足够的努力——来得足够早。

"寻找最美同桌"

我认识一位老师，初一时他在班里开了一个主题为"我的同桌一级棒"的班会，鼓励同桌间互相赏识，互相接受。初二时，这个活动升级为"寻找最美同桌"班级文化建设活动，在这次活动中，大家挖掘出很多同桌互相关心爱护、互相帮助成全的细节，启发学生放开心胸，融入班级。初三时，活动再次升级，主题是"同桌的你"。这次活动比较开放，包括给同桌提一些建议，相互促进成长。

仔细品味这位老师设计的教育活动，其每一次升华都在引导学生赏识他人，反思自己。这样的班级一定会有一种整体的感染人积极向上的文化力量。

"在座位上塑造自己"

我赋予班级座位的教育意义是"在座位上塑造自己"。我是这样建立管理机制的：把班级分成若干个小组，小组内座位由组员自己商定，各组间的座位定期纵横轮换。每个人在小组内都有一个职务，如组长、生活委员、学习委员、宣传委员、劳动委员、纪律委员等，每个人还要负责收发一、两科作业，相当于小组的科代表。组长定期轮流任职。班级还有班级层面的同类职务，各组组长轮流兼任副班长。小组内一个月一考评，按综合贡献得分排出名次，每个小组的前三名和进步最快的前三名有奖励；组间也有评比，每月综合总分第一名和进步第一名的组全组有奖；各小组的各种职务间也有评比。每个小组轮流承担班务，如某月第一组负责黑板报，第二组就负责扫地，第三组负责收发作业，第四组负责绿化等，由班长负责协调。学生要想在组间调动，要由申请人自己协调，两组全体成员同意方可调动。在面对学校、班级组织的某项竞赛时，组与组之间可以相互借用人员，但要"支付"一定代价。这个制度落实起来的关键是班长要有长劲，要能够配合班主任坚持这一系列制度的落实——这首先要求班主任有心劲。干什么事都要有长劲，不唯管理班级。

当我这样管理座位时，座位的物理空间性质被淡化了，转而被每个学生重视的是自己的成长表现。座位不再是一把椅子、一个位置，而是一种责任、一种环境、一种经历、一种过程。学生能从中获得什么很难估量，但有一点可以肯定，他会安心地坐在那个座位上并且努力上进。我觉得，这种能让学生上进的座位，是真正的好座位，所以班里的每个座位都是好座位。

面对一个特定的班级，怎样赋予座位以某种意义，要根据学生的发展特点来确定，这基本上要靠班主任去用心体味。一个班级，座位的教育意义也可能不是单一的，可能这些座位有这种意义，那些座位有另外一种意义，但是无论如何，不能让座位有什么等级的色彩，大家都在一个班级里，必须在人格上平等，在心理上平等。

当然，座位的教育意义需要长时间的滋养才能生成，才能被全体学生认识到并认可。对于一个正常的班级来说，要努力建设一种比较稳定的机制来保障座位的"意义"能够显露出来，让全体学生都能为丰富座位的内涵而努力。

（郑文富，广东省广州市第四十七中学汇景实验学校）

♥ 小贴士

排座位的五条原则

在我的班主任生涯中，很少因为编排座位出现矛盾。究其原因，在于我很好地坚持了以下五条原则。

公平公正原则

座位编排的第一原则应该是公平公正。我采用的方法是，把男、女生从低到高"升序"排成两列，然后男女搭配，从教室的第一排依次往后排列。这样的编排方式即使孩子或家长有异议，班主任也可以有理有据地做出解释。也许有人会质疑，那视力不好的孩子怎么办？这种编排方式对这些孩子会不会缺乏最起码的人文关怀？其实，排座位的矛盾与症结就在于此：倘若班主任把一个视力不好的孩子安排在靠前的座位上，马上就会有两个、三个甚至十几个孩子或家长反映"视力不好"，会通过各种手段要求把座位调到前排，班主任就会进退两难。因此，班主任要保持公平公正，委婉地拒绝家长因孩子"视力不好"要求调座位的各种"优惠条件"与理由，建议其带孩子查视力并配眼镜。同时，要在家长会上告知：不得以视力问题要求班主任调换座位，而要想办法解决孩子视力问题。公平公正原则使每个孩子、每个家长都不再有怨言。

合理搭配原则

我排座位往往采用"小老师"一对一搭配制，即每个座位上的两个孩子，除性别搭配外，还要考虑学习能力、行为习惯、兴趣爱好、性格特点等方面因素，尽量做到强弱搭配、动静搭配、性格内外向搭配……。其中最重要的是，一方能够承担起另一方的"小老师"职责，强者帮助弱者，管理弱者，影响弱者，从生活习性、学习习惯、情感态度、道德品质、学习方式等方面取长补短，同桌在合作互补中共同发展。

定时轮换原则

我采用的方式是前后左右按周轮换。但考虑到学生的身高情况，在前后轮换时，前四排为一组，互相之间进行轮换；后五排为一组，相互之间轮换，而不是进行整体的前后轮换。这样的定期轮换制不但使孩子获得了座位平等的机会，也尽可能地照顾到了身高问题。同时，这样的轮换还隐含着其他教育作用：每一次的调换都会使孩子产生新鲜感，对调节心理有一种积极作用，为孩子之间扩大交往提供了空间，对孩子之间建立友谊大有裨益。

家长支持原则

班主任在制定排座位的原则并采取一些方法时，一定要取得家长的信任和支持。每接手一个新班，我所做的第一件事就是通过家长会讲清排座位的方式方法。大部分家长担心孩子坐到后边看不清楚板书或老师监管不到，我就把平时的板书、课件等做一个展示，让后排的家长感受"看不清楚"的担忧是不必要的，因为每位老师都会考虑到后排孩子的视力范围，并对板书和课件进行及时调整。然后，我请几个家长站在讲台上"扫描"

整个班级,使家长直观感知,所谓"老师只关注前排学生,后排学生玩耍老师不会发现"是一种误解。用事实说话,会使家长对班主任座位编排再无异议并能理解与支持。

及时微调原则

编排好的座位,不可能永久不变,因为每个孩子都是一个鲜活的个体,每天都会有新的变化。同桌或者前后座位的孩子,有时会因性格问题发生一些矛盾;或因同桌能力都不是很强,合作学习效果不佳;或同桌、前后座位的孩子都太过活跃,互相影响。因此,班主任要及时对座位进行微调,使座位彰显出最和谐、最人性化的编排效果。

只要班主任秉持一颗公平公正的心,本着一切为了孩子和为了每一个孩子的理念,并在坚持上述五条原则的基础上创造出适合自己班级的合理的座位编排方法,座位编排将不再是难题。

(杨丽玲,陈红德,甘肃省酒泉市南关小学)

专家视点

如何解决排座位时出现的矛盾

一个班级几十名学生组成了一个小社区。社区里充满了人与人之间的各种关系,当然也会有各种矛盾。合理解决这些矛盾,理顺各种关系,促进班级和谐发展,是班主任的重要工作。座位问题当属此列。每个学生都想拥有一个自己心中的理想位置,或是有利于听讲,或是和好伙伴坐在一起,或是希望得到同桌同学的各种帮助。但是,众口难调,座位不可能让所有人满意，由此产生矛盾也在情理之中。这是每一个班主任回避不掉的问题。应该说，没有一种万能的排座位方法可以避免产生任何矛盾，关键是班主任如何教育、如何做工作、如何让矛盾最小化。当然，让座位更加合理，甚至把座位变成有利于学生进步和成长的资源，是班主任更高的追求。

如何减少排座位的矛盾，将座位的资源利用最大化呢？根据我的实践体会，提出以下七个做法。

根据规则排座位

根据规则排座位是解决矛盾的最有效方法。

每个班级的特点不同，所以相关的规则也不尽相同。具体规则怎样并不是最重要的，关键是注意以下几个问题。

公平公正，一视同仁

规则的第一特点就是公平公正，在规则面前一律平等。按照规则办事，大家都不会有意见。

公开透明，不搞暗箱操作

规则要在全班宣布并打印成文本公示。规则最好也告知家长，因为有些家长会向班主任提出孩子关于座位的要求。有了规则，班主任就可以心平气和地回复这些要求——符合规则就可以换座位，不符合就换不了。

发扬民主，征求学生意见

班主任可以深入学生中去了解他们的意见和想法，也可以设计相关的调查问卷，然后根据大家的意见和班主任的主导思想，整理出若干条款，由班级大会确认通过。学生自己参与制定的规则比较有公信力，执行起来的阻力也小。

相对合理，学生能够接受

关于合理与不合理的问题，举以下例子说明。

（1）根据考试成绩排座位。不合理。这样的规则有歧视"后进生"之嫌，容易导致学生的反感和抵触，也会让考试成绩好的学生不自在。

（2）学生视力不好，提出坐在后面看不清黑板，想往前面调。不合理。因为目前学生近视的比例很大，不可能都照顾到。视力不好可以配度数合适的眼镜。个别特殊情况除外。

（3）和学习成绩好的同学坐在一起，便于讨论请教。部分合理。优等生的资源有限，不可能满足所有提出要求的人。另外，上课时也不能随便讨论，寻求帮助可以在课外时间。不过，如果有可能，班主任也可以结合学生学习互助的情况考虑座位安排，但是一定要双方都愿意。

（4）根据身高排座位，个子高的学生坐在后面。比较合理。个子高的学生坐在前排会挡住后面同学的视线。

（5）男女生不能同桌。不合理。要鼓励男女生之间的正常交往，不要人为设置障碍，这样做不会起到预期的效果，甚至会适得其反。其实男女生同桌有很多好处。

公平合理的规则比较容易被接受，不易引发矛盾，也省去了班主任一次次解释说教的烦恼。

根据学生的志愿排座位

我曾经多次尝试过这种办法，效果不错。

学生坐在教室的第几排主要是身高决定的，但是同桌却是可以自选的。班主任要尊重学生的选择权，尽量满足学生的志愿。为减少矛盾，在编排座位时有更大的选择余地，可以让学生自己提出两到三个志愿，班主任进行排列组合，尽量满足学生的要求。这样做的工作量并不像想象的那么大，却能让绝大多数学生满意。

尊重学生的志愿，会不会导致一些不良的后果呢？比如，关系好的学生坐在一起，上课更容易讲话，影响课堂纪律，等等。这个问题要辩证地去看。首先，要充分相信学生选择同桌的动机是良好的，是为了有个好心情更好地上课，还可以互帮互助。其次，要让学生明白，信任和尊重是相互的，为了让自己与满意的同桌能长期坐下去，同时作为对班主任尊重学生意见的回报，每个人都要珍惜自己的权利，共同为良好的课堂纪律做贡献。最后，可以让这样一份座次表试运行一段时间。这样，那些不自觉的或在一起互相有不良影响的学生的意见就不必采纳。道理说清楚后，班主任再调动这些学生的座位，学生也无话可说。

实行座位轮换制度

座位也需要进行轮换，一方面是为了锻炼提高学生人际交往的能力，使他们尝试和不同性格的同学相处；另一方面，好的位置和相对差的位置大家轮流坐，座位不搞终身制，也比较公平。一般半个学期可以微调一次，一个学期可以较大范围地调整一次。

这种做法既保证了公平，又保持了学生的新鲜感，增进了同学之间的相互了解和感情，促进了班级整体的和谐。当然，这项制度也要看班级的具体情况来制定。

制定合理的换座位规则

班主任要教育学生，每一个座位都有优缺点，没有绝对好的位置；要把主要精力放在安心学习、与同学友好相处上，不要对座位问题过于纠结，更不能太自私，只想着自己的利益，要考虑别人的感受和班级整体利益，减少班主任工作的麻烦。对于学生提出的换座位请求，班主任可以做如下处理。

首先，可以规定一定的期限，比如半个学期或一个学期。除非特殊情况，期限内基本不同意学生换座位的要求（可以以规则的形式明确）。达到一定期限，学生可以向班主任个别提出申请并说明理由。不正式申请不予考虑，但申请了也不一定就能满足要求。

其次，申请者要在现有的座位上好好表现，如果因为座位不理想或暂时不能满足换座位的要求就不好好听课，则换座位的申请将不被接受。只有在现在的座位上尽自己的努力好好学习的学生，调换座位时才会被优先考虑。

再次，在座位问题上表现出大度、谦让、顾全大局的学生在调整座位时将被优先考虑，或在其他荣誉问题上有补偿，不让老实人吃亏。这条"补偿原则"尤其重要。因为班主任在换座位问题上经常需要一些境界比较高的学生的理解、合作，才能顺利地解决矛盾。发扬风格被认为是一种美德，但是，如果不能体现公平，一味要求学生谦让，造成好说话的学生吃亏，就是不合理的。

让学生参与座位的编排工作

班主任可以尝试让班干部参与编排座位。由能力强的班委或者由几名班委组成的小组排出来的座位，并不比班主任亲自排的座位效果差。学生朝夕相处，对班级的课堂状况和同学关系了解得最清楚，所以学生自己排的座位往往更加合理。

在操作上，主持编排座位的班委首先要去了解同学关于座位的要求，然后根据班委自己的观察和若干原则试排出一张座次表，交班主任审批。其中，个别学生的动员也是先由班委做，如果工作做通了，就不需要班主任出面。这样班主任就有了一定的缓冲余地，可以集中精力应对难度大的思想工作。

此举既让班主任从矛盾的中心解脱出来，也锻炼了学生的能力，可谓双赢。从我自己带班的实践来看，效果非常好。

改善座位周边的小环境

学生对座位的满意度，第一取决于同桌，第二取决于紧靠自己的前后排同学。以双人座的小组为例，与每个学生距离最近、影响最大的有五个人：同桌、后排两人、前排两人。所以，在教室里营造优良的小组环境，是提升学生座位满意度的好方法。

在以六人小组合作制为管理模式的班级里，每个小组都是一个相对独立的单元，是"班级"的下一级组织，也是可以执行多种任务的小团队。组员之间相互关系密切，既有合作，也有互助和相互管理。小组环境对于每一个组员的学习和活动有着重要影响。小组建设搞好了，座位的矛盾自然减少。

编排合理的小组比仅仅安排座位的难度大得多。编组通常按照异质分组的原则，即小组成员各有所长，成绩有高中低的差别。这样既可以实现优势互补，也有利于结对互助。

科学地编排小组，是合理地编排座位的延伸与提升，能让每一个座位的资源最大化。班主任要细心考察，认真分析每一个学生的个性特点、优势劣势，尽量让组内成员互补、每个小组的水平大致相当（这样方便评比和竞争）。参看以下示意图。

六人小组示意图

学生 A （语文组长）	学生 B （理科组长）
学生 C （数学组长）	学生 D （英语组长）
学生 E （行政组长）	学生 F （文科组长）

组内成员既是组长也是组员
座位的概念拓展为小组环境

加强课堂纪律管理

教室很小,如果课堂上吵闹,无论坐在哪里都会受影响。班级风气不好,任何人都不能独善其身。所以,要想从根本上解决座位问题,必须保证班级整体的课堂纪律。班级纪律好了,学习气氛浓了,排座位的矛盾就小了。

所以,班主任应该有一定的战略指导思想和战术安排。首先要致力于打造优良的班级环境,包括硬件环境和人文环境,尤其是课堂教学环境。班级整体纪律是座位问题之本。其次是小组建设,小组是中环境,小组工作做好了,也有助于解决排座位的矛盾。最后是同桌,同桌是小环境。环境对人的影响是比较大的,就好比买房子,首先要选社区环境好的,其次是社区中的小环境相对好的,最后才是好邻居。如果班主任过于追求排座位的技术,却忽视了班级整体环境的建设,那无异于舍本逐末了。

以上做法,仅供班主任朋友们参考。

(陈宇,江苏省南京市第二十七高级中学教师,南京市优秀班主任,

南京市德育创新奖获得者)

8

班级施行量化管理效果不佳，
怎么办

忌"功利化",以促进学生发展为旨归

案例

让量化管理制度"柔"起来

量化管理是班主任工作中比较常用的班级管理方式。但是,我们常常看到,有的班级施行量化管理的效果并不好。究其原因,主要是有些老师的量化管理方式过于僵硬,只追求表面分数,忽视了分数背后人的成长。因此,在施行量化管理时,班主任应始终贯彻"育人为本"的理念,关注学生成长,让量化管理"柔"起来,班级建设或许会出现"柳暗花明又一村"的盛景。

量化管理要有温情

量化管理只是一种教育手段,培养人、成就人才是最终目的。有些老师在施行量化管理时,仅关注学生的加减分,把学生当作冰冷无情的工具,漠视学生稚嫩的心灵,走入了"见事不见人"的管理误区。这不仅不能促进班级发展,反而会导致学生产生抵触情绪。

一天,值日班长小景公布班级当日量化考核情况及每个人加减分的理由,并且都做到了有理有据,但下面还是有好几个学生流露出不满的情绪。特别是小斌,嗖地站起来说:"我都不知道自己犯过这样的事!"一石激起千层浪。霎时,很多学生纷纷响应,场面十分尴尬。

课后，我找小景了解情况。原来，早读时，小景看到小斌没有表情地盯着书，没出声，就认为小斌读书不认真，扣了他 1 分；课间，小景看到小杰座椅旁有纸屑，就判定小杰乱丢垃圾，扣了他 3 分……

我又找被扣分的学生询问，小斌告诉我，他是因为昨天没睡好，偶尔走了一下神而已；小杰也脸红脖子粗地向我申辩："谁能确定这个纸屑就是我丢的呢？我好冤枉！"……

确实，学生们内心深处都渴望向上，很多时候学生并不是故意犯错，他们需要的是温情的劝说或提醒，而不是不分青红皂白的扣分惩罚。

之后，我对量化管理制度进行了修订，删除了很多难以判断且太严苛的条款，并且规定：当同学出现违纪情况时，管理者有提醒两次的义务，两次提醒后对方依然我行我素才执行扣分；提醒时管理者不能用呵斥、命令的口吻，应"有话好好说"；扣分之后，当事同学还有一次申诉机会，申诉成功的可以免除扣分。

只顾扣分，不问缘由，师生、生生间也就缺乏了温情。如此的量化管理会让学生失去灵性，久而久之，班级也就不是学生们成长的乐园，而是苦不堪言的"炼狱"。

量化管理要关注人

班级量化管理最怕那种"一扣了之"和"一加了之"的简单做法。扣分的学生为什么会被扣分？是无心之过还是屡教不改？扣分之后，班主任要与当事学生平等沟通，了解事情来龙去脉，然后根据学生特点进行有针对性的辅导，助其改过。

小霖是班级量化得分较低的"困难户"。我多次提醒他，但扣分依然继续。一天，我教育学生小伟要重视量化分数时，小伟犹豫了一下，然后淡淡地说："小霖扣分比我还多，也没见咋样呀！"我听后，一时无言以对。仔细想想，确实，小霖对班级量化管理近乎无视的态度正在传染给其他学生，影响着班级的整体氛围。我必须尽快解决他的问题，引导学生朝正确方向发展。

一节自习课时，我叫来小霖，请他给我提一些改善量化管理的意见和建议。他吞吞吐吐地说："像我们这样的差生，很少有加分机会，每天稍有不慎就被扣分。扣着扣着，我也麻木了，反正补不回来，于是就放弃了。"

我终于知道了他对量化管理漠然视之的症结，于是告诉他，我以后会给他多创造一些加分机会，帮他补回那些扣的分。后来，我根据扣分比较多的学生的特长，在班里增加了一些他们可以获得加分的机会。就这样，得分"困难户"们的上进心重新被点燃了。

实行量化管理，必然有人得分高，有人得分低。班主任决不可只看分数，而是应该蹲下来，看到分数背后有思想、有感情的学生，和他们推心置腹地交流，倾听他们内心的声音，抚慰他们的心灵，给他们以充分的宽容和关爱。只要班主任用真心对待他们，他们自然也会还你一片阳光。

量化管理要重过程

很多班级的量化管理制度只是一刀切地扣分、加分，不区分学生错误背后的不同缘由，缺乏弹性，这也会严重挫伤学生对量化管理的认可度和积极性。

小明和小嘉都曾经因为"上课吵闹"被扣 2 分，但仔细了解情况后我发现，小明是因为上课敲桌子，发出怪声，在老师多次点名后仍不收敛，所以被扣了 2 分；小嘉是因为旁边同学不小心摔了一跤，他觉得很好玩而没忍住笑出声来，影响了课堂气氛，也被扣了 2 分。从他们两个人的行为性质来看，小明有多次故意破坏的嫌疑，而小嘉却可能是无心之过，但我们的量化管理制度却没有进行区分，只是笼统地规定此种行为扣 2 分，这显然有失公允。后来，我们将该项内容改为"课堂吵闹视情节轻重和次数多少扣 1 到 4 分，经考证确属无心之过的不扣分"。这样的量化管理既有定性又有定量，还有弹性，更受学生欢迎。

我们班之前的量化管理还规定：参加校级活动，获得一、二、三等奖各加 3 分、2 分、1 分。这样的量化管理明显是以结果为导向，忽视了过程性评价。认真准备并积极参与校级比赛但没有获奖的学生一分也得不到，他们岂不心寒？他们虽没有功劳，但也付出了巨大的努力呀！后来，我们将其改为"对参加校级活动的同学给予加 1 分（过程性评价）的奖励，获奖的再按照等次（结果性评价）相应加分"。这样的加分更合情理，也更能激发孩子们参与活动的积极性。

此外，量化管理还应注意"特生特待""特情特处"，适当加重量化奖励的分值（当然这也应该载入量化管理条款中，而不是随心所欲的）。比如，一个向来不太关心班集体荣誉的学生，在运动会上报名参加了无人问津的 1500 米比赛。如果仅仅按照原有的量化管理制度，只能给他加 2 分。这显然不能恰当体现他"雪中送炭""一改常态"的行为价值，所以应当给予加分翻倍的奖励。

总之，在制定班级量化管理制度时，应充分考虑学生成长需求，透过分数看到学生的行为，透过行为看到背后人的发展，并施以相应的引导，这才是教育的本真所在。

（张国辉，广东省珠海市金鼎中学）

自我管理，激发能动性

案例

四"化"并举，让量化管理"亮"起来

量化管理是班主任开展班级管理、培养学生良好习惯的常用管理方法，但实施中难免会出现效果不佳的问题。怎样扭转这种局面呢？我认为，调

动学生能动性,逐步引导学生学会自我管理,是比较可行的方法。

规则制定民主化

新学期伊始,小 A 老师接手了一个三年级班。开学第一周,他颁布了在假期就制定好的班级量化评比办法,想要大干一场,让这个班的整体表现更上一层楼。可一个月过去了,评比效果却让人失望,班级没有大的起色,小 A 老师的付出与收获不成正比。

静心思考后,小 A 老师找到了量化评比效果不佳的重要原因——评比规则由老师一手包办,加减分标准不够贴合学生实际,无法调动学生的参与热情。再加上自己新接班,师生之间还不够了解,所以很难取得好的效果。

三年级是小学生成长的一个转折阶段,学生自主意识不断增强,参与班级管理的愿望更加强烈。老师如果再像以前那样一手包办,让学生当服从者、旁观者,就很难调动学生的积极性。让学生自主制定班级量化管理规则,是提升班级量化评比实效性的第一步。

学生自己制定的评比规则,能让学生从内心产生认同感:“这条评比规则是我定的!我为集体做事,我很棒!”学生更愿意遵守这样的规则。而且制定规则的过程也是一种规则教育,一条条规则内容会潜移默化地影响着他们的行为。这样的规则一经出台,还有谁会故意破坏?

征集班级量化管理规则的消息在班内发布后,引起了学生们极大的参与热情。大家三三两两地讨论,书写个人意见,小组斟酌修改,每条规则后面还附上了制定者或制定小组的名字。学生自主制定的规则比老师带着几个小干部想出来的规则效果好很多。

当然了,班级量化评比在初始阶段不应操之过急,应以单项评比或两、三项评比为主,尤其是对于小学低年级学生来说,他们的计算能力还比较弱,所以还是应该从容易坚持的行为规范评比做起,然后逐步扩大范围。

奖励内容可视化

由于年纪比较小，小学生对班级量化评比的参与热情往往一开始比较高，但缺乏持久力。规则制定民主化给班级量化管理开了一个好头，但坚持开展，持续保持学生参与热情才是关键。小学生好胜心强，人人都希望受到表扬。光有一条条评比规则还不够，奖励制度要紧紧跟上。让奖励看得见、摸得着，能更好地保持学生的参与热情。

一方面，让奖励内容可被学生看得见。我们班的奖励内容都是由学生讨论确定的，既有学生用得着的学习用品、益智玩具，也有满足学生为班级服务需求的特别奖励，比如管理岗位、布置作业，还有能够让学生上台展示才艺的机会等。获得这些奖励的学生既有考评靠前的学生和小组，也有进步较大的学生，还有为班级做出重大贡献的学生。

另一方面，被奖励的学生也要被看见。每个学生都希望在别人面前受到表扬，因此，我会给受表扬的学生的家长写一封表扬信、发一张喜报，请家长一起分享孩子进步的喜悦；同时，我也会通过朋友圈、班级微信群让表扬的声音传播得更远，让全班学生、全体家长、全校老师都能得到学生的好消息，他们一个个点赞的小手都在为学生的成长鼓劲，让学生的成长更有动力。

同伴提醒常态化

班级量化管理效果不佳，有时候不是学生热情不高，而是他们容易忘记，这就需要我们时常提醒他们规范自己的行为。

当然，光靠老师一个人的提醒是不够的，让每个人都成为班级的主人，这才是我们教育工作的着力点。在我们班，每个人都可以轮流担任"治班小帮手"，负责各项量化管理的监督提醒工作。比如，针对"课前备齐学习用品"，小帮手每天会站在教室前面，提醒每个同学下节课是什么课，需要准备好哪些学习用品。

经过这样的提醒，每个人都能做到行为规范化。通过常态化的提醒，学生时时处处注意遵守规则，从而使量化评比能够长期发挥作用。最重要的是，我们的小帮手在提醒别人之前，自己首先要熟悉规则内容，然后再示范给大家，这样一来，每个小帮手都能够更快地成长。

评比总结定期化

做任何事，都要有恒心，有毅力。班级量化评比要想长久地发挥效力，一定要定期进行总结，引导学生总结优点，反思问题，逐渐形成一种良好的习惯。

评比总结可分短期、中期和长期总结。短期如一节课一总结，一天一总结；中期可以一周一总结；长期可以半个月或一个月进行一次综合性总结。

总结可采用微班会形式。微班会时间短，一般十分钟左右，简单、灵活、实用，针对性很强，能够及时解决出现的问题。比如，我们班就在微班会上开展过"自己记录，公平不公平""小组长误会我，我该怎么办""规则不合理，我该怎么办"等主题讨论，这样的讨论及时、有效，能更好地推动班级量化评比开展。

当然，量化评比只是班级管理的一种方法，必须和其他评价方式结合起来，优势互补，才能更好地发挥作用。比如，我班开展的"我是最棒的——夸夸我自己"自我评价活动，能让每个孩子知不足，知长处，补短板，常进步，自我认知更准确；午检时间开展的"夸夸我的小伙伴"他人评价活动，不仅让学生拥有发现身边美好的眼睛，还让多次被人夸奖的学生有机会成为"班级小榜样"；每日的"说说你的悄悄话"，让我能够更好地了解每一个学生的思想动态，并给予他们或肯定或鼓励的言语激励；家长在微信群里的"星级小能手"推荐或点赞，能够让孩子们的发展更有动力……

在开展好班级量化评比的基础上，充分运用多方面、多层次、综合化的评价杠杆，就一定会撬动孩子发展的未来。

（井会新，首都医科大学附属小学）

团队合作，提升集体意识

案例

以团队考评激发学生集体意识

"不以规矩，不成方圆"，和大多数班主任一样，我接班之后的第一件事就是制定班规，将学生各方面的表现量化。一天，英语老师无意中告诉我："你们班的×××怎么这么现实？我让他帮忙收作业，他假装没听见。我一说让瞿老师加分，他立刻巴结着抢我的本子。"吃惊之余，我进行了一个小调查，没想到班中很多学生都有这样的表现，能加分的任务他们就积极行动，不加分的就无动于衷。我原以为"以数据考量学生"是最公平公正的考核方式，也是最能唤醒学生集体意识的有效措施，没想到会出现这样的问题。

如何才能让班级量化管理深入人心，让学生发自内心地产生并保持良好行为，形成优秀品德呢？

借"团队考评"渗透集体观念

利用一节晨间谈话课，我和学生一起讨论大家最希望得到的奖励。突然，一个男生气鼓鼓地站起来说："老师，我觉得我永远都拿不到这些奖励，所以这种讨论一点意思都没有！"这个声音得到了一些同学的附和。我说：

"你说得没错。如果继续这样考核，很多同学永远只能是路边的观望者。那你们有没有好办法呢？"

学生们很快交出了满意的答卷——团队考核！通过协商，我们把42名队员分成7支小队，每学期评出3支优胜小队，享受奖励。为了确保各小队成员的平衡，我按照学生的个人综合考评积分从高到低划分成7组，让每组学生自主从其他6组中各选择一名队友，被选中次数最多的队员拥有优先选择权。就这样，7支小队诞生了。由于这是来自学生自己的创意和选择，他们的积极性格外高涨。大家马上就召开了各小队的第一次会议，选出队长，确定队名和行动口号。

当团队成立的那一刻，每个孩子的心中已经萌芽了集体意识。他们开始明白，整支团队处在同一条小船上，只有人人出力，小船才能驶向成功彼岸。个别人的优秀无法为团队带来最终的胜利，而个别人拖了后腿倒有可能令整支团队的努力功亏一篑。一旦他们产生了这样的意识，他们的行动就不再是依靠老师的推动，而是出自他们的自觉。

用"朋辈辅导"彰显团队意识

借着"团队考评"这面旗帜，我以朋辈辅导的形式促进各小队自主管理：家庭作业中的抄写变成了书写比赛，次日评出ABC等级，分别计3分、2分、1分，按照平均分从高到低评出团队一、二、三等奖，分别计10分、8分、5分。当然，考核不是重点，重点是帮扶。得C的学生，只要能够提升一个等级，即可获得双倍得分，即这些学生得到B，得分不是2分而是4分。面对大家的惊叹，我如是说："要想从C提升到B或是更高，必然需要小队内的高手指点，因此其中一半分数我是奖励给这位幕后高手的。"在"幕后高手"与双倍得分的刺激下，各小队八仙过海各显神通。有的自己示范字体，复印好后让队员先描再自己写；有的像真正的书法家一样握着队员的手一笔一画地写字；有的编成儿歌"横平竖直，撇像扫把，捺像大刀，点像雨点"……"小先生"们教得如此认真，我怎能轻易辜负？于是，"书法课堂教学"比赛横空出世，7 个小队一起讨论，反复示教，制作 PPT，设计写字本，最后整支小队站上讲台，在 20 分钟内展示教学风采。为了体现评比的公平公正性，我特地邀请教师代表、同年级书写优秀的学生代表、家长代表共同担任评委，见证什么是"自主教"促进"自主学"。

语文课堂教学中的文本解读，小队共学成了主要模式。队员们分工明确，读、记、教、问（负责挑战其他小队）、汇报，各司其职。小队中负责教和记的队员不参与集体汇报；其他队员需要朗读和解读文本，并接受三个问题的挑战；汇报完毕后，剩下的队员负责挑战其他小队。参与汇报的队员是得分手，自然需要铆足劲，接受队员们的培训；而幕后的教学者更是需要在事先的预习中开足马力，否则自己都说不清楚，如何教会队员？

当"朋辈辅导"有效实施后，"帮助别人等于帮助自己"的思想渐渐在班级中占据主导地位，其中受益最大的是作为辅导者的"优生"。

以"争当助教"强化集体思想

"优生"发展起来后，我把目光瞄准了各小队的"后进生"，这些学生是左右班风的重要因素。根据观察，我发现他们之所以问题不断，是因为他们"无事一身轻"。因为什么都做不好，所以做什么都没他们的份，结果他们很空很闲，空闲时间多了，他们就会打架、闹事、找麻烦。长此以往，学生的不良行为习惯就会慢慢扩散开来，影响班风班貌。要想改变这一状况，最好的办法就是让他们忙起来。经过一番摸底，我欣喜地发现，这些孩子并非一无是处。他们有的擅长表演，有的喜欢拼装，有的运动能力极强……。我告诉他们"队员之中没有优差之分，只有擅长内容的不同"，鼓励人人挂牌"助教"，在各条战线上大展拳脚。

六一儿童节，学校安排了"草根表演秀"，只要有才艺并能通过学校海选的，都可以上台展示并获得积分。顿时，有表演特长的"助教"火了，各小队成员众星拱月般围绕在他们身边，请求指导。我们班男生小黄，自带"闯祸体质"，只要我的目光一离开他，他就各种惹是生非。班里海选时，他的吉他表演火了，他的小队简直把他当成了"救世主"，其他小队也纷纷要求与他们小队联盟。

趁着他自豪感爆棚，我开始引导他："站上舞台，不仅是在展示自己的风采，也是在为你们团队增添荣耀。不过老师也知道，那很艰难，因为那意味着每一次训练你都得控制住自己，不让自己惹麻烦……"结果，我话音未落，小黄就主动立下军令状。后来的每一次训练，他都很努力，以前都是家长强行要求，现在是他主动提出，跟变了个人似的。

一次表演，使小黄从"减分"队员变成"加分"队员，赢得了队员们的认可和支持。当他意识到自己之于团队的重要价值后，便开始用一种新的方式看待自己，主动关注并改善自己的不良行为。这学期，小黄主动担任我们班的图书管理员，教室的图书角被他打理得井井有条。为了既保管好每一本图书，又能让每个同学看到心仪的书，他还主动设计了一份调查表，让同学们把最爱看的三本书列出来。大家借阅时，他会合理调整好这些书的借出时间，更好地满足了同学们的阅读兴趣。

当团队考评纳入量化管理后，学生在为团队争夺分数的行动中，逐渐意识到自己是集体的主人翁。学生当家做主的意识越来越强烈后，个人自然就会主动为集体着想。当每个人都开始履行集体主人翁的职责后，也越来越尝到被信任的滋味，这种滋味让每个人都感觉自己在这个集体中举重若轻，自我价值自然也得到提升。如此正向循环，分数就不再是左右学生行为的统治者，学生们更在意的是自己能否为团体争光。他们争夺分数的行为终于内化为服务他人的思想，量化管理最终华丽转身，走向班级正向的自我管理模式。

（瞿春红，浙江省杭州市萧山区第一实验小学）

创新机制，增强实效性

案例

小步子走出班级量化考核实效路

周四中午，科代表要到微机室录入小组考核分数，我特意叮嘱录分学生要仔细。这时，班级后排隐隐传来一个不大不小的嘟囔声："录分再认真有什么用，根本就不公平！"咦？我定睛看去，竟是六组组长小磊。我心想，小磊最近上课表现不太好，现在知道得分低了，竟然说风凉话！待录分学生离开后，我示意小磊过来找我。

小磊磨磨蹭蹭来到我跟前，我小声问他："刚才我听你说不公平，能告诉我不公平的地方在哪里吗？"小磊摇摇头，看来是心有顾虑。我看着他，很真诚地说："小磊，无论怎样的考核都可能存在漏洞，老师很高兴你能发现问题。我最近正好在想，我们班的考核需要再开个意见征集会，恰好就听到你的意见了。小磊，咱俩心有灵犀啊！"听我这么说，小磊高兴起来，他小声说："老师，我们组就是3号4号太弱了，他们上课回答问题很不积极，我们组铁定是最后一名。既然这样，我干脆也不回答问题啦，反正回答和不回答都一个样！"这明显是因为小组间水平差距而产生的"驱动乏力"问题。通过了解我发现，学生的意见集中在划分小组、赋分方式、奖励措施三个方面。针对三类问题，结合以往做法，我对班级量化管理做了以下调整。

"自选式""动态化"组建小组，让量化考核有基础

"自选式"组建小组即改变原来由教师主宰的"一厢情愿"式的小组划分方法，让学生参与小组划分。自选小组组建首先以综合考评成绩为基础将全班学生分为四个层级，小组长由综合考评成绩高的 A 层同学担任，但并不固定，谁综合考评成绩更高就有机会担任组长，这也有利于组长间竞争。其次，小组长轮流挑选组员，可以选择最优秀的同学，也可以选学习力更强的同学，还可以选和自己搭档最融洽的同学。自主选择有利于组内向心力的形成和良好学习风气的建设。但自选也有弊端，学生自己选择，难免带有一点意气，不一定能达到最优，所以我们又施行"动态"小组制。

"动态化"小组制即小组不是一成不变，而是常变常新的。我们班每月根据班级考核进行排序，然后重新进行新一轮小组组建。上个月排名最后的两个小组的组长，要分析小组问题，在班级中提出不少于两条合理化意见；排在前两名的优秀小组的组长也要发言，交流好的方法，其他学生可以补充发言。这样，保证小组组建在"我做主"的自愿基础上多了理性和趋优。每个月重组一次，更重要的是为了保证及时发现小组中的问题并纠正，不会因为小组合作不顺畅影响一个学期的学习。

"自选式""动态化"小组组建办法的实施，无形中也密切了学生之间的关系。在分好小组后，学生们很自然地用"我们小组"来称呼。有的小组还建了微信学习群，相互交流解答疑难。分组不佳的学生也会自我反思，为下次进入心仪小组而暗暗努力。

"分层式""定责化"赋分，让量化考核有依据

"分层式"赋分是指在课堂学习中实施两级赋分制。一是课堂问答和作业质量，A、B 层学生正确回答问题、按时完成作业得 1 分，而 C、D 层学生完成同样的任务则得 2 分；二是平时检测将基础成绩分和进步分结合

起来，基础成绩直接折分，而进步分则进步一名加 1 分。这样的赋分标准，既鼓励 C、D 层学生积极投入课堂学习，也鼓励小组成员之间互相帮助。

"定责化"赋分主要是因为班级管理千头万绪，我们对所有班级工作进行梳理，理出了纪律、卫生、体育、文艺、生活管理、学校活动六大项，在每个大项下又细化出了小项目。细化的目的在于根据各个项目的管理难度制定工作标准，并给予相应分数。我们在班级里实施"工作认领制"，所有工作列出明细表贴在墙上，项目数按照小组个数的两倍来设置，即每个小组需要分担两个项目，各小组协商后进行选择，选择成功并按时完成任务则得到相应分数。工作项目根据学校安排适时调整，每月随着小组一起轮换。"定责化"赋分保证了赋分的透明和公开，实施过程中避免了随意和盲目，也使得班级工作很快能进入正轨。

"预约式""仪式化"奖励，让量化考核有动力

量化管理要想真正发挥作用，必须辅以相应的奖励机制。怎样才能让奖励有"心意"也有"新意"呢？我们采取了"预约式"和"仪式化"的奖励方式。

"预约式"奖励，是针对奖励内容而言。我们的奖励内容采用的是老师提供和班级征集方式，并会提前广而告之。老师提供的奖励是在学生调查基础上设定的，包括减免作业权、座位优先选择权、学校图书室借阅卡、班级布置权及班主任激励奖。同时，我们还在班级中大张旗鼓地开展"优秀小组微心愿""优秀学子微心愿"活动，对优秀小组及优秀学生的奖励进行民意征集。班级板报设置专门空间，安放"预约"奖励树。每一种奖励都请班级绘画小能手描绘成果实、星星、爱心等形状，一式四份（获奖小组成员将每人一份），每一种奖励果每月只有一枚。根据考核成绩，前四名的小组可以依次选择心仪的奖励。另外还设立"成长小组"奖，进步两名及以上的小组均可获得奖励。"预约式"奖励挂在墙上，每天都有很多留恋的目光在此停留。奖励其实并不大，但因为是小组荣誉的象征，就格外被

学生珍视。

"仪式化"奖励是针对奖励形式而言的。我们采用的是周奖励和月奖励相结合的方式。周优胜小组的名单会在学校电子屏展示；对于月奖励，我们找专门时间在班级进行表彰，优胜及进步小组成员名单会贴到星级奖牌榜上。在月奖励中，我们尝试"五会"合一。

一是常态会。将奖励常态化，设好固定时间和流程。时间定在每月最后一个周五进行，流程为宣读颁奖词、发表获奖感言、摘下奖励果实、合影留念、反思问题、分享喜悦等，基本固定，有特殊需要时可适当做些调整。

二是故事会。经过摸索，我们将辞藻华丽、直接表扬的颁奖词改为故事型颁奖词。成长故事由科任老师提供，颁奖词不再空洞地表扬哪个学生，而是描述课堂内外能展现小组或者个人闪光点的小故事。我们发现，故事型颁奖词不仅带给获奖学生深深的自豪感，更为其他学生提供了行为标杆，效果很明显。

三是展示会。将优胜小组和进步小组请上台，组长带领每位组员各发表一句获奖感言；小组成员隆重摘下奖励果实并合影留念。小组可以设计自己的动作或者发言形式。

四是反思会。除了优胜小组的获奖感言和经验介绍外，我们还专门请暂时落后的小组根据小组情况，谈一谈在小组组建及班级建设中发现的问题，提出改进建议。

五是分享会。为增强学生的荣誉感和获得感，班级向家长发送特制"成长奖励卡"，卡上插入优胜小组的合影，旁边是颁奖词及学生的获奖感言，用彩喷打印出来，由学生带回家，同时把电子奖励卡发到班级群里。这既是对学生的肯定，也是对家长支持学校及学生发展的褒奖。

班级管理自有千方百计，量化考核是其中常用的一种方法。量化数字是简单的，但简单背后呼唤的是用心教育的思索和尝试；量化数字是有限的，但有限数字却着眼于思维培育的无限广远。班级量化考核就是一支画笔，教育人唯有心中有生命，眼中蕴万彩，才能实现学生发展的大目标。

（王迎军，山东省荣成市第二十七中学）

群体差异，量化管理依班而定

案例

"量"体裁衣"量"出精彩

班级建设需要有一套合法、合规、合理、合情又行之有效的规章制度，其中，量化评比在班级管理实践中被普遍采用。作为育人工作者，我们应意识到量化评比方法并非一劳永逸。面对不同年龄阶段的学生、不同的班级，我们要"量体裁衣"，依据班情学情确定量化评比形式，这样才能让量化评比更好地发挥积极作用。

低年级学生尤其是刚入学的一年级学生，形象化思维活跃，规则意识比较淡薄，量化时如果直接使用记分制评比，肯定会收效甚微。我们可以结合班级文化建设，以学生喜闻乐见的方式来开展量化评比。我举以下例子加以说明。

一次外出活动，我无意中发现学生们对小蚂蚁非常感兴趣。于是，活动回来后我就组织学生对自己的发现畅所欲言。也是在这次交流中，我们将班名确定为"蚂蚁庄园"。在"庄园"中，我们开辟了包罗万象的活动园地："蚂蚁百工坊""蚂蚁快乐吧""蚂蚁粮仓"等。在此基础上，我们又围绕"乐观、自信、团结、守纪"的班级精神，制定了"蚂蚁公约"。

为激发学生积极进取的精神，在班级公约基础上，我们从纪律、学习、礼貌、卫生、劳动五个方面进行细化，制定了《蚂蚁公民修炼手册》评比细则。对照《蚂蚁公民修炼手册》中的"五个习惯"，"蚂蚁囤粮迹"量化评比内容（见下表）随之诞生。

"蚂蚁囤粮迹"量化评比内容

序号	加分项	分值	米粒收入					荣誉称号
1	纪律习惯	5粒米	○	○	○	○	○	守纪工蚁（是　否）
2	学习习惯	5粒米	○	○	○	○	○	勤学工蚁（是　否）
3	礼貌习惯	5粒米	○	○	○	○	○	礼貌工蚁（是　否）
4	卫生习惯	5粒米	○	○	○	○	○	卫生工蚁（是　否）
5	劳动习惯	5粒米	○	○	○	○	○	勤劳工蚁（是　否）
自评：								师评：

在我们的量化评比中，一个圆圈表示收获的一粒米，如果当日集齐五粒米，就可以获得相应的荣誉称号。一周均获得该称号，就可以当选该周"蚂蚁标兵"。以此类推，每月称号获得较多的学生就成为当月"蚂蚁勋章"获得者。每月最后一周的班会时间，我们举行颁奖典礼进行表彰。经过层层评比，"蚂蚁优秀公民"就产生了。这样的量化评比形式很受学生欢迎，而且做到了日日、周周、月月都有反馈，使得学生的习惯养成教育落地生根。"小蚂蚁们"也在一粒粒米的积攒过程中成长、进步了。

对于中高年级学生，我们应鼓励他们自己讨论制定量化评比细则，这样更能得到学生的支持，也更容易贯彻执行。

"VV班"是我曾教过的一个高年级班，这个班男生多，且绝大多数纪律散漫，这也影响了这个班的整体班风。了解学生特点后，我带领学生们共同商讨班级目标，最终确定为"让班级和他人因我而幸福"。面对这样一群不服管教的学生，如果我强加给他们一些量化规则，一定会适得其反，于是我选择以退为进，把量化规则的决策权交给他们。

在我的提议下，学生们将个人评比与小组评比结合在一起，双轨并行。在几次交流磨合后，大家一致决定以"智能棋"的形式进行量化评比。规则内容围绕班级目标核心词"幸福"，从个人对自己、他人、集体这三个层面，制定了"'福'娃在行动之自己篇""'福'娃在行动之他人篇""'福'

娃在行动之集体篇"评价内容；评价的每一条内容分别就"4w"，即 "when"（什么时间）、"where"（什么地点）、"what"（需要做什么）、 "why"（为什么要这么做）依次展开细化。"4w"内容不仅能让学生们知 道在不同时间、不同地点所要干的事情，而且能让他们从内心里清楚为什 么要这么做，这对他们认同规则、遵守规则具有重要的情感价值。

青少年学生渴求得到一定的自主规划空间，因此，除了从自己、他人、 集体这三个层面制定评价内容外，学生们经过讨论还制定了个性化的弹性 评价内容。个性化弹性评价由学生依据自己的实际情况自主确定，评价内 容可以是自己擅长的，也可以是自己下决心要改正的不良行为。

一周结束后，除了要进行自我评价外，还要进行家长评价和教师评价。 因为学生毕竟只是成长中的孩子，在至关重要的习惯养成方面，需要我们 成人予以全方位的关注。特别是在个性化的弹性评价中，家校合育的作用 愈加突出，家长和教师都要给予孩子必要的关注、督促、引导、激励，帮 助孩子更好地落实个性化弹性评价中规划的内容，进而逐步实现自己的周 目标。

有了自己制定的量化规则，学生们无形之中就开始收敛自己不好的行 为表现，取而代之的是出现了更多自觉自律、为他人着想、为集体服务的 行为，学生的良好行为习惯就会逐渐养成。

（李国玲，北京市海淀区实验小学）

个体差异，量化管理因人而定

让班级量化管理有效引领孩子成长

众所周知，班级日常工作头绪多、内容杂、涉及面广。每一位班主任都希望班级管理能够有序进行，于是，通过一定分数对学生进行考核的班级量化管理就出现了。但在具体实施中，我们时常陷入一些误区，导致量化管理效果不理想。下面我将结合具体案例谈谈如何让班级量化管理有效引领学生更好地成长。

分层量化管理，让每个孩子都能进步

世界上没有两片完全相同的树叶。每个孩子在各方面的能力都是不一样的，我们不能用同一把尺子来衡量他们，而是要根据他们的特点制定出不同的评价标准，实行分层量化管理，这样才能更好地调动每个孩子的积极性，让他们每天有所期盼，每天都能进步一点点。对于孩子们来说，我的要求他们基本能够轻松达到，所以每次拿到作业后都欢欢喜喜地找小组长加分。

多样量化管理，让每个孩子都有所长

在应试教育下，班主任制定量化标准时往往偏重于学习，以致期末受到表彰的往往都是学习优秀的孩子，而那些学习成绩不突出的孩子只能成为配角。其实每个孩子都有自己独特的一面，我们教育工作者在量化管理中应注重从多方面开展评价。

我班的量化细则包括学习、卫生、纪律、劳动、文明等多方面，并且各项评比是分开的。每周五下午是固定的颁奖时间，我会让小组长提前对这一周组内每个孩子的得分进行统计，选出各个单项的冠军，这样每个小组的周学习之星、纪律之星、卫生之星、劳动之星、文明之星就诞生了。同时，总分最高的孩子就是小组的周综合冠军。之所以这样做，我是想充分调动每个孩子的积极性。同样一项内容，如果放在全班进行评选，只能有一个冠军；可放在小组内评选，每周就有多个冠军。这样也是为了缩小评选范围，有的孩子某一方面在全班可能不是最突出的，可是在小组中他或许就是最优秀的。当然，我们的评比是分等级的，除了小组冠军，还有全班冠军；评选也是长期持续的，每周、每月、每学期都会评出单项之星和综合冠军。每个孩子都能找到自己身上的闪光点，能够更加自信。

每周，我班大部分孩子都会受到表彰，我也会把受表彰孩子的照片上传到班级微信群里，告诉家长们这周哪些孩子表现特别突出，并且让家长回家一定要表扬孩子。慢慢地，在家校共同努力下，孩子们都越来越自信阳光了。

逐项量化培训，让每个孩子都能做好

一天，邻班一位班主任非常气愤地训斥一个孩子，并让这个孩子抄写量化细则。问其原因，原来是该班最近扣分太多，他让全班孩子背诵细则，可是没想到这个孩子还是天天令班级扣分。我对这位班主任说，细则如此

多，哪个孩子能记住呢？即使抄了，他们也记不住，下次还不是照样违纪。这位班主任一愣，不知该怎么办。

于是，我跟他讲了我的方法：一次的要求不能太多，一周关注一两项即可，等学生完全记住了，再逐步进行其他方面的评比。他很不解地说，那一学期下来，学生也不能全都记下来。我说，对于孩子来说要求多了，做不到就相当于什么要求也没有，倒不如一次一两项，把每项要求跟学生说清楚，等他们落实到行动中不会再犯类似的错误后，我们再进行下一项，这样效果会事半功倍。

例如，我校要求课间走廊内不能大声喧哗。可是，这些孩子从小大声说话习惯了，怎么才能让他们小声说话呢？我在班级量化管理中制定了这样一条规定：下课后用适量的声音说话。那么，什么样的音量是合适的？我拿出专门的时间进行训练，让两个孩子到教室前面用不同的音量说话，并告诉大家哪种音量适用在课堂上，哪种音量适用在自习课上，哪种音量在课间比较合适。等孩子们弄清楚后，接下来一周，我们就专门考核这一项，所有孩子都是监督员，看看谁能最先达到用合适的音量说话。这样，下课后，我班不论是在教室里，还是走廊里，再也听不见大声吵闹的声音了。

我们一定要记住，开展量化考核的目的是纠正孩子的一些不良行为，形成良好班风，而不仅仅是为了让班级少扣分。因此，必须把量化制度一步一步扎扎实实做下去，让孩子们真正明其内容和要求，这样的量化管理才会有实效。

（刘艳霞，山东省荣成市人和镇中心完全小学）

摒弃陈旧的管理模式，回归教育本质

　　量化管理是基础教育领域许多班主任在班级教育管理过程中经常采用的一种教育管理模式，但是在具体实施过程中，班主任经常感到，看上去很科学、很精细的量化管理方案，并不能产生积极的效应，有时甚至产生负面效果。这令班主任十分困惑。为此，我们需要分析量化管理背后的思想观念、人性假设和目的指向，明晰班级量化管理存在的问题，从而找出解决问题的路径和方法。

班级量化管理效果不佳的根源

班级量化管理目的的异化

　　班级量化管理的目的是什么呢？总结一些班级施行量化管理的目的，大致可以概括为两个层面：一是指向学生的，如"为了提高同学们的道德层次，培养同学们良好的学习生活习惯，培养同学们的自我管理能力和自我约束能力"；二是指向班级的，如"树立良好的班风和学风，增强班级管理的有效性"。但在实践中，这两个方面的目标并没有达成。从班主任的角度看，制定班级量化考核细则，似乎是为了学生的发展、班级的建设，但实际上是为了控制和管住学生，让学生顺从、听话，便于管理，其真实的目的是方便班主任自己。再从学生的体验上看，量化管理考核方案中，少则十几条、多则几十条的考核细则，将学生置于精神的桎梏之中，就像机器被精确设置，被规定，被标准化，丧失了作为人的能动性。尤其是有一些考核内容如不许迟到、早退等早已是学生烂熟于心的常识，但仍然列出来要求学生，让学生感觉自己被低估和小瞧了。如此，上述的指向学生的管理目的如何得以实现？管理从来都是手段，不是目的，而当管理成为目的，就落入了管理主义的窠臼。赫尔巴特认为，管理的过程就是教育的过程，当管理成为目的，那么教育也就旁落了。

教育是助人成长的活动，班级管理的本质是为了促进人的发展，要丰富学生的心灵，完善学生的人格，让学生知耻而有格，而不是控制、束缚人，更不能把人变成没有智慧只知道执行命令的机器。教育教学活动需要在有秩序的前提下进行，但秩序的建立不是外在的强迫，而应该是内在的自愿。

班级量化管理背后的人性假设

任何管理措施背后都隐藏着人性的假设，班级量化管理同样蕴含了更深的教育观念，即教师怎样看待学生。学生是善的还是恶的？学生是教师的对立面还是共同体？教师与学生是平等的还是学生附属于教师？教师对学生是信任的还是怀疑的？等等。如果教师认为学生是善的、渴望向好的，班级量化管理的细则就应该是以鼓励、肯定、加分为主；而如果教师认为学生是不值得信任的，在眼里总是"三天不打，上房揭瓦"，对学生充满怀疑，那么班级管理的细则往往是以惩罚、扣分为主。笔者很遗憾地看到，在现实中的班级管理细则往往都是以罚为主，扣分项远远多过加分项。当学生发现即使自己全部遵守规定，全都表现良好，也不能够得到认可和肯定时，也就失去了努力向好的内在动力。

班级量化管理刚有余柔不足

首先，班级量化管理的"刚"体现在细则制定和实施的过程中。通常情况下，都是自上而下，由教师单方面制定管理细则，由班干部负责考核评价。这种单向度、垂直向下的方式，让学生感到自己处于被规训、被强制的服从状态。学生没有机会参与制定量化细则，只能被动接受考核，那么，学生就丧失了作为人的主体性。雅斯贝尔斯在《什么是教育》中指出，如果有人被迫只顾眼前的目标，他就没有时间去展望整个的生命。

其次，量化细则的"刚"体现在重行为的结果，而忽略行为的动机。康德认为，判断一个人是否道德，不是依据行为的结果，而是依据行为的动机。譬如，一个孩子帮妈妈洗碗时打碎了盘子，重结果的会责备孩子打碎了盘子，而依据动机的则会肯定孩子为妈妈分担家务的爱心，并宽慰孩子。当学生的行为违背了量化细则里的规定，如果是不由分说地扣分，不去询问学生所谓"失范"行为背后的动机和缘由，那么这样的管理就会让人感觉到简单、粗暴，不仅丧失管理细则的权威性，而且让学生对自己的行为不加反思。扣分让学生认为他已经为自己的错误付出了代价，因此不会有触及心灵的反省，更不会产生自责、羞愧的情感体验，那么，同样的错误还会重复发生。

最后，量化细则的"刚"还表现在冰冷的语言呈现。量化细则如法律条文般理性客观的呈现方式本没有错，但是量化细则中让人看到最多的是班级生活中所有不良行为的罗列和扣分。这些负面的语言所传达的是消极的情感和能量，不会让人对量化细则产生好感，其效果自然也不会好。量化管理的语言表述呈现的都是他律的外在要求，暗含着"你不应该……""你应该……"，而不是"我要……"。

班级量化管理冷淡了班级人际关系

在由雅克·德洛尔任主席的国际21世纪教育委员会向联合国教科文组织提交的报告《教育——财富蕴藏其中》中，提出了教育的四个支柱：学会认知、学会做事、学会共同生活、学会生存。其中在学会共同生活中，很重要的是发现他人。报告指出："教育的使命是教学生懂得人类的多样性，同时还要教他们认识地球上的所有人之间具有相似性又是相互依存的。"学会共同生活就是要学会与他人建立良好的连接，学会欣赏彼此身上的美好品质，懂得怎样获得友谊和彼此合作。但是，量化管理模式不利于学生发现彼此、欣赏彼此,它会扩大学生与教师之间、学生与学生之间的社会裂痕,从而产生一种分明的班级分层,学生干部与学生之间形成管与被管的层级关系,教师和学生干部都是学生外在的约束力量,而这种外在的约束,会使学生之间的关系变得不友好,同时也会使学生和班主任的关系变得疏离。班级中教师与学生、学生与学生之间不能建立信任和谐的师生、生生关系,班级教育共同体也就无法形成。

同质化和静态的量化管理细则不能适应多样化的班级与学生

笔者在网上浏览了很多班级的量化管理细则,发现从小学到高中的班级管理细则存在高度的同质化现象。就目力所及,一般而言,班级细则主要包含学习、纪律、仪表、公物管理、出勤、住宿(针对住校生)、升旗仪式和体育课、活动课、卫生、劳动等内容。这些内容都是固定不变的,具体的细则也大同小异。这样的评价内容,伴随学生从小学到高中,即使再精细的评价内容,学生也早就疲劳和厌倦了,于是乎,学生往往应付了事,效果不佳也就在所难免。学生是发展变化的,有些行为问题可能是小学阶段的,到了中学阶段,这些问题可能已经不是问题;但同时又会出现一些新的问题,这些问题可能也困扰着学生。但是,量化管理细则却无视学生的发展变化、学生的多样性和每个阶段学生的独特性,试图以不变应万变,低水平地简单重复,其结果就是缘木求鱼、刻舟求剑。笔者以为,对学生的教育管理,也应遵循维果茨基的最近发展区理论,管理细则应该有引领、激励的功能,引导学生在不同的发展阶段克服那个时期的问题,同时形成新的、良好的行为习惯。另外,如果一个问题从小学到高中始终没有解决,如迟到、仪表、升旗仪式等问题,是不是也说明我们的教育是失能的?

让教育回归班级

这些年,对大多数班主任而言,言班级必说管理,却少提教育,班级管理消解了班级教育的功能。因此,应该让教育回归班级,让学生能体会到教育的美好，这也是班级管理应该努力的方向。如何让教育回归班级?
笔者以为可以通过"形成价值共识—重建关系—自我教育"的路径来实现。

班级内部形成价值共识

教育活动是一项十分复杂的系统工程，对学生的引领和影响也不是轻易发生的，因此，要让班级能够有秩序地运转，学生能充满热情地投入班级的学习生活中，班主任就不要仅仅揪住学生的行为细节，而需要高屋建瓴，既见树木又见森林，从战略上把握教育的方向，从价值观方面引领学生的发展。

人的行为是受其思维方式和思想观念支配的，所以班主任的首要任务是跟学生探讨隐藏在学习和班级日常生活背后的哲学与伦理学问题。无论是小学教师还是中学教师，都需要对学生的人性有十分客观、理性和积极的认识。就如孟子所说的，"人人皆可为尧舜"。每一个学生（儿童）内心深处都有向上和向善的愿望，都渴望被人欣赏和肯定，都期望获得内在的成长。班主任要从积极的人性出发，要用高远宏阔的思想引领学生思考：我要成为什么样的人? 这样的人应该担负什么样的使命? 这样的人应该对社会做出怎样的贡献? 这样的人应该有怎样的道德情操? 这样的人应该有怎样的修养? 这样的人应该有怎样的行为举止? 这些问题帮助学生将眼光投放到生命的深处和远方，而不是当下的苟且。与此同时，让学生内省：自己目前与所希望成为的样子有哪些差距? 为什么会有这些差距? 当下急需解决的问题是什么? 这些问题可以帮助每个学生找到自己生命的终极理想和价值。学生有了理想和追求，教师还要让学生具体化，要让每个学生的需要得以看见，让每个学生都找到属于自己的发展和努力的方向。量化管理是让学生整体化和符号化，从而消解了个体学生的独特性。班主任的重要工作是唤醒学生内在渴望变好的愿望，让学生自己去探索和发现自己现在与未来的可能性，调动学生内在成长的动力，并为每一个学生提供实现愿望的条件。另外，当学生明晰自己想要成为的人之后，就会自觉地形塑自己的言行，与不良行为告别。遵守班级规范，就不再是外在的要求，而是学生内在的自觉。

学生在班级里过的是一种公共生活，因此班主任需要和学生一起探讨：什么样的班级是他们想要生活在其中的？这样的班级会有哪些特质？如何让班级拥有这些特质？班级公共生活需要每一个人遵守哪些规范？个人需要具有哪些公德？班级里的生活方式应该是怎样的？什么样的生活让人更有尊严？群体和个体的边界应该在哪里？当个人利益和群体利益发生冲突时应该怎么办？人和人之间需要建立什么样的关系？当他人成功或者失败时，作为同学应该有什么样的态度和行为？当得到他人的帮助，对他人的善意应该有什么样的回应和回馈？当发生冲突时，又需要通过什么样的方式和渠道去化解？怎样维持班级的日常秩序，为此每个学生需要为班级做哪些贡献？什么是善良、正义、美，怎样在班级日常生活中体现善良、正义和美？等等，不一而足。教师和学生们一起探讨这些问题，一方面是训练学生的思维；另一方面，通过讨论，教师和学生就能结成一种同盟性的共同体，班级对学生而言就不是外在的与自己无关的存在，而是与自己休戚相关、荣辱与共的"家"。对于这样的"家"，学生会用心呵护，不会随意破坏。

重建关爱与被关爱、平等对话的关系

量化管理中，教师制定量化管理细则，然后让班干部去考核学生，看似班主任信任学生，但其实是对学生的冷漠疏离，班主任并不真正关心学生的发展和现实需要，因此，班主任与学生之间并不能建立良好的关系。没有良好的师生关系，真正的教育就不可能发生。日本学者佐藤学认为，要把学校的人际关系从"伤害和受伤害的关系"，转到"关爱与被关爱的关系"以及"矫治与被矫治的关系"。佐藤学还认为，"教育"这一活动是一种包含了应答（关心）人的脆弱、悲伤、呼叫和烦恼的活动，同时在这种教育活动中，也激活了恢复自然和谐、治愈身心创伤的"矫治"功能。关爱意味着班主任不仅关心学生的学习情况、学习成绩，更应该关心每一个具体的学生，关心他（她）的现实处境，成长中的烦恼、困惑，还有作为一

个活生生的人的情绪情感起伏的根源。班主任不是学生成长的旁观者，而应该作为参与者，及时回应学生的精神需要。

班主任需要克服和摒弃权威主义，放弃作为成人和知识拥有者的优越感，明白自己在人格上与学生是平等的，用平视的眼光看待学生。教师要有这样的认识，即使在年龄小的学生面前，自己也不是万能的，也有许多盲点。因此，教师要接纳自己的不足和有限性，抱着"三人行，必有我师"的谦逊态度，才能和学生建立平等的关系。只有教师和学生的关系是平等的，对话才有可能产生，平等关系是对话的基础。对话是探究真理的过程，对某些问题，教师也未必知道答案，问题的开放性，让学生明白对话的目的不是找到确定的答案，而是体验、享受共同探究的过程。在对话的过程中，教师和学生彼此打开，坦诚相见。这样可以增进师生之间的感情，也能让学生学会自律。

引导学生自我教育

最好的教育是自我教育。儿童一旦形成自我教育的习惯，那么他一生都会受益。苏霍姆林斯基《给教师的建议》一书中的第 79 条建议，就是"教育和自我教育"。他说："教育人，就是要培养他们对自己有严格的要求。要做到这一点，就不能总是牵着他们的手走路，要让他们独立行走，使他们对自己负责任，形成自己的生活态度。"如何引导学生学会自我教育呢？苏霍姆林斯基认为，自我教育要有非常强有力的促进因素——自尊心、自我尊重感、上进心。只有当一个人的心灵对良言、忠告、显示温存或责备的目光这种细致而纯人性的教育手段非常敏感时，他才能进行自我教育。如果一个人只对粗暴习以为常，只对"强有力"的语言、喊叫和强制才有所反应，那就根本谈不上自我教育。实质上，自我教育的前提是人对人的信任，是使个人的荣誉和尊严起作用。为指导学生进行自我教育，首先必须建立起深信对方具有良好意愿的师生关系。所以，我们要颠覆量化管理模式，教师应该有稳定的情绪、成熟的心智和有原则的教育作风，用商量的语气跟学生说话，不动用惩罚手段，如此学生的自我教育才能发生。惩罚能使良心沉睡,而良心是自我教育的推动力。只有唤醒良心,自我教育才有可能发生。由此,班主任要给学生创造比较宽松的班级环境,这样才能促进学生产生自我教育。学生一旦形成自我教育的习惯,班主任在与不在都是一样的,因为学生懂得克制自己的不良行为。

(王宁,南京师范大学教育科学学院讲师)

9

班级奖励措施失效，
怎么办

?

奖要重"品":注重物质奖励背后的精神价值

物质奖励当有度

2000 年左右,我在课堂上实验周弘先生的"赏识教育法"。我的具体做法是:以语言鼓励和发放小奖品为主来激发学生的学习热情,只要学生回答问题,无论对错都有小奖品,都会得到表扬。

开始几周,实验进行得很顺利,学生的积极性被充分调动,课堂气氛活跃,学生争先恐后地抢答问题,拿到礼物后,都兴奋得满脸通红,师生关系似乎也极为和谐。"课堂创新活动成功了!"我不禁扬扬自得起来。

可是,过了一段时间,学生对那些小礼物的兴趣渐渐消退,有的学生说:"我都得到好几个玻璃球了,没意思。"课堂上,学生踊跃回答问题的情景不见了,学习热情似乎也淡了下去。

一天,我在课堂上提出一个问题,小梅答错了,我仍然伸出大拇指表扬她。下课后,一个男生说:"小梅回答的问题太简单了,幼儿园的小屁孩都会。答错了还得奖品,真不害羞!"几个男生一唱一和地附和着,小梅羞愤得哭了。

这次意外事件深深刺激了我,我不禁联想到最近一段时间班里出现的种种现象:学生学习积极性下降,对小奖品的兴趣减退,对教师的表扬有些麻木；有些答错问题的学生受到表扬后，显出满脸羞恼的神色，很不自然地坐到座位上，甚至接下来听课也会心不在焉。"评价没有深度，奖品发得过滥了。"我暗暗后悔，"无原则地赞同、夸奖，用发小奖品的方法来激发学生学习热情的做法错了，那该怎么办呢？"我不禁发愁，一时间失去了方向。

后来，我读了美国教师雷夫·艾斯奎斯的《第56号教室的奇迹》一书，他在书中写道："'贿赂行为'常见于全国各地的教室；刚开始教书的那几年，我也为了'成效'而患了这种'奖赏症候群'。"看来采用"发奖品"这种做法的教师还真不少，中外都有啊！我无奈地笑着摇了摇头。雷夫老师还认为"用礼物或金钱换取孩子良好行为的做法就很危险了"，这一点，我感同身受，极为赞同。

长时间反思和不断探索后，我得出结论：赏识教育法绝不是奖品刺激法，也不应该用奖品和无原则的表扬去刻意讨好学生。但给孩子物质奖励还是有一定积极作用的，只是要把握一个度，绝不能滥发，也不能搞成"火锅奖"。

于是，我改变策略，注重让学生明白获得奖励的意义。每次发奖前，我首先说明为什么要发奖品，让学生明白奖励是老师、同学对某些学生取得的成绩或者某种行为的认可和鼓励，是对他们付出的艰辛劳动的回报。

此外，有些学生会因小奖品价值不高而不以为然。针对这种情况，我在全班公开说明"奖品虽小，意义却大"。引导学生们明白，首先，我们不是为了奖品而学习和做事的；其次，虽然奖品不值钱，但是这份光荣是多少钱都买不来的，在家长、亲友、同学、邻居面前，我们可以大方、自豪地展示它。如果奖品不是老师发的，价钱再高也是没有意义的。

明白了奖励所代表的精神价值与意义后，学生们就很看重这来之不易的荣誉。

（许保明，安徽省亳州市谯城区烈军属子弟小学）

奖不离"赏":爱与尊重是对学生最好的奖赏

没有尊重,奖励也就失去了意义

班里的小捷经常因各种问题被扣分,所有小组都不愿意要他,他只好自己一个组,而且很"荣幸"地被安插在教室最前面的饮水机旁,离老师的讲桌一步之遥。为帮助小捷,我采取了加倍加分制:只要他一节课下来没有违纪行为,我就给他加 2 分(按照班级奖励方案应该是加 1 分),等他积累到 10 分时,我就让他回原座位。为取得实效我还专门委派文婷和小云督促、帮助他,我本以为这些措施肯定会触动小捷的"神经",特别是为了分数他一定会有所改变。没想到一次课间,文婷和小云哭着找我说不干了,说小捷恐吓她们:"我才不稀罕那些'破分'呢!再当'狗腿子'向老师揭发我,小心脑袋!"

我一下子意识到问题,开始思考:这种看似顺理成章的奖励措施,真的合理吗?真的能触动孩子的心弦吗?尤其是对于像小捷这样"资深"的学困生,更不能简单对待啊!我觉得应该找一个能引起孩子心灵震动的契机。

机会终于来了。一天课间,我站在二楼办公室门口,突然看到小捷从三楼的旋转楼梯上很快地滑下来——学校虽明令禁止,但学生屡屡违反。或许是滑得太快,或许是突然低头看到了我,他一下子没刹住,脑袋碰到了栏杆上，鼻血一滴一滴地流下来。见状，我飞快地冲上去扶起他。他一边忙不迭地用手擦着鼻子，一边满脸通红地说："老师，我没事，真的没事。"说完，就急急忙忙地跑掉了。我知道他其实是心慌，既撞疼了鼻子，还怕被老师批评——他也知道自己违纪了。

要上课了，我看到小捷仍坐在教室里，可脸上的血迹没有完全擦干净，我便走上前，轻轻抚摸着他的头，关切地问他头还疼不疼，还拉着他到办公室重新把脸洗干净。这时，我似乎看到他眼睛里充满了泪花。这次课上，小捷破天荒地听得很认真，似乎融入了课堂学习中。对这个孩子的教育契机，终于被我抓住了。

趁热打铁，这次课间例行谈话，我选择了小捷。

通过聊天，我了解到小捷"破罐子破摔"的原因，最主要的是他平时受到的歧视多，得到的关爱少，受到的尊重也少。我深知每个人都渴望得到尊重，得到别人的认可，这些人格的尊重不是一般的奖励能换来的，更不能用分数来衡量。于是我跟小捷约定：只要他能够做到一节课下来认真听讲，得到2分的奖励，老师就跟他同桌。对于小捷来讲，以前自己单桌是一种"耻辱"，现在不了，老师跟自己同桌，变成了一种荣誉。在以后的日子里，我说到做到，只要小捷上课认真听讲，老师就跟他同桌，一块看书、做题、讨论问题；如果做不到，则下一堂课不能跟老师同桌。

跟老师同桌的"荣誉"实施一个阶段后，小捷的课堂纪律大大改观，但由于基础差，要想短时间内赶上来，还需要老师、同学们的共同帮助。在我的"授意"下，其他6个组纷纷伸出援助之手，组内的活动从不冷落他，有简单的问题先让他回答，如果答对了，及时给他加分、鼓励；如果错了，大家一块帮助他，决不歧视。慢慢地，他跟同学们的关系融洽了，学习成绩慢慢赶上来了，衣服穿戴也整齐了，见到老师能主动问好，课间打闹现象没有了，好像换了个人似的。其他老师在办公室谈论起小捷，都说没想到这孩子在"刘老师手里竟然脱胎换骨了"。想着这个孩子的进步，想到自己的汗水没有白流，我欣慰地笑了。

当我们习惯于用分数、物质来奖励孩子的学习和行为时，也许这种看似有一定诱惑的奖赏不再能满足孩子的心理需求，他们对这些刺激不再有反应，这时被尊重、被爱、被大家认可可能更优于分数和物质奖励。

（刘萍，山东省昌乐育才双语学校）

奖本为"励"：激发学生的内在动机才是根本

案例

让梦想在激励中开始

小学低年段学生判断是非好坏的基本标准就是"老师说好不好"，这样做能不能得到老师的表扬，这样做会不会被老师批评，因此来自老师们的奖励很奏效，简单的物质激励就可以吸引学生，调动学生的积极性。但这种简单的物质奖励却又很浮躁，物质味太浓。作为新教师的我，一度陷入两难困境：如果不用物质激励的方式，能用什么方法把学生吸引过来呢？怎样的激励才能更长久地激发学生的内在动机，利于学生成长呢？

制定班级奖励方案

我想，给学生的奖励不应只考虑吸引学生主动学习，而应以有利于学生成长为出发点。于是，我利用班会课，让学生写心愿条"我最喜欢的奖励……"。结合孩子们的愿望和一些优秀班主任的做法，我们制定了一套个人激励方案，并得到了家长的支持。

我希望借助这个激励方案引导学生设立目标，并通过一个个目标的达成来帮助学生养成良好的学习习惯。同时这套奖励机制给予学生选择权，学生可以选择喜欢的奖励方式。该套方案的设置主要参考了马斯洛的需要层次理论和艾伯斯坦提出的 TARGET 学习动机培养与激发模式，我相信高层次需要的满足是更持久更有力量的方式，通过满足学生友爱、尊重、自我实现的需要，通过任务、权责、认可、分组、评价及时间管理等，帮助学生形成内在驱动力，建立内在学习动机。

试行一个月后，我整合学生、家长和科任老师的建议修改整理成以下方案。

"点赞箱"

每周动员班委会和科任老师参与"当场点赞"活动，只要表现好或做了好事的学生都应被"点赞"。被"点赞"的学生可以把自己的名字和所做的事写在纸片上，然后放入"点赞箱"里。每到星期五，由学生当场从"点赞箱"里随机取出几张幸运纸条，给被选中的学生发表扬信。

"大拇指"印章和小红花

给表现好的学生盖"大拇指"印章或发小红花（班长和老师发的都算），学生集满 10 个"大拇指"印章或小红花可以换领 1 封表扬信，为班级争光或加分的学生奖励表扬信 1 封。

累积表扬信换奖励计划

（1）每周集满 1 封表扬信可以选择以下奖励：①一次表演机会；②自由选择自己喜欢的同桌和位置；③一次做小老师的机会；④讲故事给同学听；⑤拍表扬照发到班级 QQ 群留念。

（2）为班级加分或每周集满 2 封表扬信可以选择以下奖励：①拥有一次与老师合影或是单独拍照的机会；②20 分钟的自由支配时间；③为班级挑选喜欢的歌曲做课前一歌；④做一周老师的小助手。

（3）每月获表扬信最多的5名学生可以选择以下奖励：①拍照留念并贴在班级明星树上；②选择自己想做的班干部岗位；③为班级挑选喜欢的电影，课堂全优时可以全班一起观看；④老师给学生家长打表扬电话；⑤一封来自老师的信；⑥拥有一次为班级出黑板报的机会；⑦评选为"兰著守纪之星"。

（4）每学期荣获表扬信最多的同学可以选择以下奖励：①一次与老师外出就餐的机会；②一次与老师外出游玩（溜冰、看电影等）的机会；③评选为年度"优秀学生"。

惩罚小贴士

当学生犯错时，我一般都会引导学生学会原谅和宽容，但坚守"事不过三"的原则，一旦超过三次，就实行"三步走"。第一步：约谈，引导学生自省——"发生了什么事？接下来应该怎么办？"。第二步：行动，21天养成一个习惯，获得"特别关注"资格，由轮流值日的班级小督导员帮助改正，养成习惯。第三步：认证，21天坚持下来的学生，获得一次全班点赞的机会，可以选择自己喜欢的奖励方式。

对班级奖励制度的反思与总结

执行班级学生激励方案一年来，我们班的学生始终保持着很高的学习积极性和强烈的班级荣誉感，得到了家长们的一致好评。我在执行过程中总结出如下一些经验可供参考。

民主放权，全体学生参与评分点（奖励指标）和具体奖励方式的制定。学生自主选择自己喜欢的奖励，即让学生发挥主动性，承担制定方案的权责，并赋予学生选择具体奖励或惩罚方式的权力。

及时更新，奖励方式坚持每月更新。如果学生想到新的奖励方式，可以在班会课时拿出来由大家投票，通过即可以放到班级奖励计划中。

方案主要想通过对学生友爱和归属、尊重和自我实现等高层次需要的关注和满足，形成更持久的动力。

奖励制度要尽量简单。如果方案太复杂，实施起来就会费时间且难度较大。

给学生的奖励要对他们有意义，能调动他们获得奖励的动机。因此，要让学生自主制定评价奖励指标，选择喜欢的奖励方式。只有选择权得到尊重，学生才能始终保持兴趣，班级激励计划才更有执行力。

方案执行之初，对学生的奖励应该勤快频繁，以帮助学生尽快内化动机，随着学生的进步，可以考虑奖励频率逐渐减少，逐渐提高获得奖励的标准，在行动中随时优化方案。

以奖为主，奖惩结合。奖励和惩罚的实施要及时，迟到的奖励和惩罚不会起作用。同时激励方案应适当留白，以调动学生参与制定和完善方案的积极性。

激励方案也应关注个性差异，如一些学习习惯或行为习惯相对落后的学生或小组，应适当制定一些个性化的激励方法以激发他们重新出发的愿望。

奖励要关注重要的习惯和品质，如对学习习惯的培养要随学生年龄增长而有不同侧重，循序渐进地进行。如自信、勇敢、责任、服务精神、友善等品质要始终坚持奖励，把常规激励和培养学生优秀品质相结合。

对学生的激励需要坚持，并不是一个方案就可以解决所有问题，更应该将对学生的赏识和激励落实到日常中。在实践中还要多思考总结各种有效的激励语言，准备不同类型的激励工具，最好能列出简明的激励工具清单。

探索学生激励制度的最终目的是激发学生的内在动机，开发学生自我发展的潜力。希望有一天，即使没有任何外在奖励，学生也会一如既往地热爱学习，不断表现出美好的品质，让优秀成为一种习惯，让梦想之花盛开！

（施珍梅，广东省深圳市龙岗区兰著学校）

奖而有"章"：群策群力制定合理的
奖励制度

案例

失而复得的"药效"

初一上学期，我们班开始施行德育量化考核制度，考核范围包括学习、纪律、卫生等几个方面。每周统计最优的十位学生获得小星星，期末按照小星星总数进行排名，分为"优秀""良好""合格"三个档次，特别差也有可能考评为"不合格"，考核成绩计入学籍档案。

制度施行之初，学生们非常重视，每天认真写作业，自习课不用老师看管也能自觉遵守纪律，学习热情空前高涨。我不禁感叹，德育考核制度真是一剂"万能药"，包治班级百病，心中窃喜。可好景不长，一个月后，学生们的积极性明显下降，有的学生拿到 A+ 也不去学习委员那里加分，值日生不认真值日，劳动委员也不会负责任地扣分，自习课开始有了窃窃私语甚至走动情况。于是，我做了以下工作。

问"理"：反思自己，寻找症结

我不断问自己："万能药"怎么失效了呢？是班干部不得力，还是德育制度本身设计有缺陷？自己苦思无果后我打算问问学生们。

中午，我来到寝室，很自然地聊到了近期班级情况，我不解地问："为什么你们不像刚开学那么在意考核制度了呢？"向来豪爽的敏儿抢先说："老师，每周就贴个星星，也太没意思了！"其他几个学生也忙不迭地点头，小泳附和道："是呀，感觉班长贴个星星就完事了，太没有仪式感了……"接下来，她们七嘴八舌地讨论着需要一个什么样的仪式。

"仪式感"这个词触动了我，让我很受启发。心理学中有个概念叫"重要他人"，指一个人心理和人格形成过程中起过巨大影响甚至决定性作用的人物，随着学生的不断成长，重要他人也在不断变化：学前阶段的重要他人是父母，小学阶段的重要他人是老师，中学阶段的重要他人是同伴。中学生虽然害怕老师的批评，但是更怕同伴看不起自己。同理，学生虽然很在意期末评优结果，但是更看重自己在同学眼中的"光辉形象"。我每周只是默默地"贴星星"，没有满足学生渴望被同伴认可和欣赏的心理需求，他们需要仪式感来表现和证明自己。

原来，我一直都是个"庸医"，"药"无效，是因为我想当然地给学生吃药，没有对"需"。

问"策"：畅所欲言，群策群力

那么到底该怎么做呢？用什么样的仪式才能恰到好处地激发学生的成长内动力呢？

接下来的几天，我走访了每个寝室，畅快地聊天，了解到他们的很多需求：每周五放学时发表扬信，盖上班级印章，班主任签名；每周的最高分评为"班级之星"，制作简历放在班级门口的水牌里，让每一个路过的同学都能看到；每个月有一个隆重的颁奖仪式，由班长写颁奖词，请家长为他们颁奖……

为了更准确地了解这种需求的受众面，我还制作了一份问卷，经过调查分析，我发现有71%的学生对每周的"贴星星"无感，93%的学生需要或非常需要每周和每个月的颁奖仪式，还有些学生提出每个学期印发班级报纸，宣传优秀学生的事迹，在年级进行巡回演讲。

通过寝室走访的恳谈会和问卷调查，群策群力，集思广益，我真正了解了学生的所思所需，从而对"需"下"药"，这样药效才能发挥出来。

问"法"：建设"四化"，失而复得

针对学生的需要，我不断寻找并探索可行性的方法，通过建设"四化"，让失效的"药"再一次发挥强大的功效。

近景目标远景化

通过在远景目标和近景目标之间不断建立联系，来强化近景目标的效果。学期末的"学籍档案"属于远景目标，每周的考核结果属于近景目标，虽然每周的考核结果和期末的学籍档案是紧密相连的，甚至会影响中考的综合评定，但是学生在学习生活中更多关注的是眼前得失，即近景目标，需要不断加强对远景目标的认识，建立二者之间的联系，才能使近景目标发挥功效。

阶段表彰隆重化

每天的考核分数，晚修之后班长当众宣读。每周的前十名不再只是默默地"贴星星"，而是在每周五放学的时候用 15 分钟发表扬信，表扬信上有班主任的签名和寄语，还有班级专用印章，由上一周班级之星为本周优秀同学颁奖，既满足本周优秀同学被关注的心理需要，又是对上一周班级之星的鞭策和鼓舞。每周最高分的学生设计一份 A4 纸大小的班级宣传小海报，上面有自己的生活照和简介，放在教室门口的水牌里，这时常引来其他班级同学驻足观看。每个月，我们利用班会课时间举行颁奖仪式，颁奖没有固定的环节，每次都会根据被颁奖者的具体要求做出调整，颁奖人也不是固定的，由被表彰者自己选定，可以是老师、家长、朋友、学长等，颁发的不是奖状，而是小型海报，上面有班委会成员拟写的颁奖词，还有获奖学生的照片，还会盖上班级的公章。每学期期末，班级小记者采访该学期的 4 位受表彰者及其家长，撰写新闻稿，刊登在班级报纸上。4 位受表彰者还会获得奖品，奖品是丰富多彩的创意文具，如书桌版月历、"葵花宝典"笔记本、张老师语文复习宝典等，采取自选的形式发放。

班级管理群体化

这次能够找到"万能药"失效的原因，不是靠我一个人冥思苦想，而是走到学生中去，集思广益，群策群力，发挥学生的主体作用，倾听学生的需要，有选择地采纳学生的意见。班级管理不是班主任的独角戏，而应该是老师和学生共同成长的舞台。在班级管理中，管束是下策，激励是上策，班主任应该想办法激励学生自己主动去争取荣誉，应广泛采用班级议事的民主形式，实现人人参与商议班级事务，共同进行班级民主管理。

常规事务创意化

在班级常规管理中，一成不变的制度很难持续地吸引学生的关注，更难持久地调动学生的积极性，需要班主任根据学生不同的年龄特征和心理需要制定不同的班级管理制度，让班级常规事务不断在创意中发展。学生对每天"抢座位"无感的时候，能不能换一种新的形式——攒积分换座位；当值日轮流制失去效力的时候，我们能不能换一种新的机制——值日"招标制"；当学生对老师的苦口婆心不耐烦的时候，我们能不能换一种新的方法——利用同伴效应，借"三号法庭"助人自助；当学生对薄弱学科充满厌恶的时候，我们能不能换一种新思路——在弱科课上放置"求关注"牌，唤醒成长内动力……

班级奖励措施就像一颗"药"，不对准学生的"需"难免会失效。问题发生后，问"理"反思自己，问"策"集思广益，问"法"建设"四化"，"三问"合一，就能让"药效"失而复得。但更重要的是，在班级奖励措施失效之前，我们能够根据学生的心理需要制定奖励措施，防患于未然，尽量避免奖励措施失效。

（张玉石，广东实验中学南海学校）

案例

让奖励与"圆梦"有效结合

一次单元考试后，我兴高采烈地分发了试卷并奖励了一些孩子。下课时，我无意间听到几个孩子在嘀咕，先是小组长小晨抱怨："亏我每次都考90分，可是前三名奖励我没份，后面进步奖我也没份。"一旁的学霸听到，也接了句："什么啊，每次奖励都是一支笔或一个笔记本，多得都泛滥了，真没劲。"平时不太爱说话的小辉听到，也插嘴道："就是，小组评比积累了大半学期，一人就发了一个作业本。"

我心里感到震惊，这么久了，每次开学，我总是兴致勃勃地告诉孩子，只要认真努力，就可以获得奖品。小组评比累计到期末，得分最高的有奖励；每次考试，前三名有奖励，进步的也有奖励。然而，我忽略了：在一整个学期这么长的时间里，是否每个孩子都有被奖励的机会？这些奖励的形式，是否可以激励他们在一整个学期中保持前进的动力？现在看来，我的奖励显然已经不起作用了，奖励机制的改革迫在眉睫！

建立积分超市，延长奖励周期

作为班主任，我认为，除了从成绩和上课表现等方面奖励孩子以外，还应更多地从行为习惯上激励孩子。但是很长一段时间，我发现自己跟无头苍蝇似的，成绩好，要奖励；进步了，要奖励；乐于助人的好孩子，要奖励；辛苦工作的值日班长，要奖励……。于是，我的头脑一团乱，何时奖励，奖励谁，奖励什么，总是要费一番功夫，效果却不太理想。孩子理所当然地领着奖品，却并没有多少喜悦。可以说，经常性的奖励，已经让孩子不自觉地进入一种麻木状态。因此，适当延长奖励周期，在这个过程中通过持续而恰当的形式来激励他们，会取得事半功倍的效果。

那么，如何才能延长奖励周期，同时又把奖励的面儿铺开呢？建立班级积分超市不失为一个好办法。首先，我在开学初购买了各种各样的奖品，有跳绳、发夹、象棋、蜡笔、公仔、运动鞋等，并给这些物品标上不同的积分。孩子们在整个学期里，通过各方面的努力赚取积分，到了期末，他们就可以根据自己所得积分兑换自己喜爱的奖品。这样，奖品不再是老师直接定的，而是孩子自主选择的，更符合他们的心意。其次，奖品需要通过一学期各个方面的努力换取积分才能兑换，每个孩子通过努力都能获得奖品，奖励的面儿扩展到全班。此外，他们通过选择喜欢的奖品，定好目标去努力，所得的物品更符合心意。每一个小细节、小小的进步都可以获得积分，而不是一个奖品，这样奖品就不再泛滥了。

采用幸运抽奖，激发奖励情绪

虽然我们是一所农村完小，但是大部分孩子的家庭条件都还不错。所以，普通的奖品对孩子来说，并没有什么吸引力。特别是随着年龄的增长，他们对奖品的要求逐渐提高，甚至有的孩子对奖励并没有半点期待。那么，我们该如何改变这一现状呢？

我认为可以适当改变奖品的形式和类别。随着孩子年龄的增长，教师可以抓住孩子的兴趣点下手，购买符合孩子年龄特点的物品来代替简单的笔和本子。除此之外，还可以用精神奖励代替物质奖励。例如，受到开学典礼上学校领导送给每个学生祝福红包的启发，我想出了抽奖奖励法。沿用红包送惊喜的形式，我制作了一个精美的抽奖箱，里面写着不同奖励的兑奖券，如"免写一次作业""当一天班长""到老师家里做客"等。接着，我利用班会课，与孩子们约定获得抽奖机会的条件。每当孩子们达到条件，便可以从抽奖箱中抽取一张券。经过一段时间的试用，我发现孩子都非常喜欢这种方式，为自己抽到的兑奖券而兴奋一整天，并且到处炫耀，可爱极了。

创设个性约定，恰当鼓励学生

积分换礼，抽奖换券，在一定程度上激励了孩子，使他们愿意为某个目标而持续不断地努力。然而，仍有个别孩子活在自己的世界里，不受管教，不被约束。面对这些特别的孩子，与他们建立个性化约定，不失为一个好办法。

我刚接现在的四（1）班就听说有个孩子特别脏，平时不洗澡，浑身散发着一股臭味，而且经常打架，偶尔有小偷小摸的行为。后来，经过一段时间的观察，我发现这个孩子很聪明而且很独立。他的父母在外打工，他平时都独自一人在家，自己洗衣做饭。在与孩子交谈时，我得知孩子最大的愿望就是父母能好好陪自己一天。于是，我利用这点和孩子进行了约定：只要他这学期改掉爱打架、偷东西的坏习惯，老师便帮他完成这个心愿。约定以后，孩子真的改变了很多，并最终实现了他的愿望。

个性化约定，也是老师走近孩子的一个窗口。利用约定，走进他们的心灵，打开孩子的心扉，让孩子愿意跟老师倾诉。而老师也能更了解孩子的所需所求所想。其实，孩子的世界很简单，他们最想得到的，往往并不是一支笔、一个本子，很多时候，他们更渴望来自老师、父母和同伴的爱与关怀。

我认为，有效的奖励制度，应该在面向全体的同时，也不忽略个体。从"选心爱的礼物，获取积分换礼"到"抽奖得惊喜"再到"个性化约定"，我试图让奖励变成一种帮助孩子"圆梦"的过程。每个孩子心中都有属于自己的梦，它们往往单纯而美好。作为老师，我们不该为了奖励而奖励，而应该更好地发现孩子的需求，更恰当地与孩子建立约定，把孩子各方面的表现与他们的心愿结合在一起，这样的奖励制度才是最为理想的。

（林玲，福建省厦门市集美区东辉小学）

特别推荐

班级奖励的三个不等式

奖励对于学生来说，是一种肯定和惊喜。对一个人的肯定分成自我的肯定、他人的肯定、集体的肯定和社会的肯定。在班集体建设中，很多老师用各种各样的方式对学生进行奖励，但却发现奖励起作用的时间和力度是有限的，同样的奖品很快就失效了，也就是说，奖励的效能过一段时间就消失了。想进行奖励，却找不到一种更有效、合理的奖励措施，原因何在？

通常奖励的时间和力度是有一定界限的，班级奖励措施之所以失效，很可能是因为我们在处理奖励因素的界限和影响因素的关系上存在一些问题。笔者认为，只要处理好以下三个关键的不等式，班级奖励的效果就会更有持续性。

奖励的手段：精神味＞物质味

大部分教师会选择学习用品或者书籍作为奖励手段，也有一部分教师会选择生活用品或者是一些象征性的勋章作为对孩子们的肯定。其实，这些物质的东西会因孩子年龄增长、获取越来越容易、获取渠道越来越简单而渐渐失去效用。只有当获取奖励的难度和人的努力程度相吻合时，奖励才能发挥作用。

所以，从奖励的手段来说，应该做到精神味＞物质味。精神味是指奖励着重于精神角度,关注孩子的付出程度和付出方向。物质味则只是从物质角度进行奖赏。基于马斯洛需要层次理论可知,物质角度的生理和安全的需要只是基础性需要,精神角度的爱与归属和尊重的需要才是促进自我实现的关键。所以,在奖励的手段中,当我们的奖励以"精神"需要的形式出现时,会始终和个人的努力保持一定的距离,也会成为个人不断追求的方向。这才是奖励引领成长的关键。

一般来说,精神味更大的奖励,包括不同的荣誉称号、各种荣誉勋章、为学生量身定做的轮转奖杯、满足学生的要求、学生的个人海报等,它们都有一个明确的特点,那就是体现对学生的尊重,这也是促进学生自我实现的前提。

奖励的过程:生活味 > 游戏味

在奖励时,很多人确立的奖励原则是以学生为主体的,所以他们根据学生喜欢的形式进行相应的奖励。一般来说,学生喜欢游戏,因此奖励过程中就出现了许多游戏,比如班级货币,然后用货币换取礼物等。很多老师认为这样的游戏可以达到想要的效果,但有时候恰恰相反,因为游戏本身也有一定的时效性,而奖励需要的是持续稳定的过程,所以二者之间"短期"和"长期"的差别是不匹配的。当游戏的时效过了之后,奖励的稳定性得不到保证,奖励就没有效果了。

所以,从奖励的过程来说,应该做到生活味 > 游戏味。生活味,就是在奖励时,结合生活本身过程性的特点,把奖励也变成过程性的。它的重点在于将社会生活的特点和学习生活的特点进行统一融合。游戏味,只是把成长过程理解为游戏,并用游戏来促进,但是生活味却能体现我们的教育过程其实就是在培养学生的生活能力,使其具备影响社会生活的能力。所以,当我们的奖励以生活的状态存在时,更能引导孩子在获取奖励的同时认同成长过程,这样的奖励才能发挥效能。

一般来说,生活味的奖励主要是对生活味的界定。比如,我们针对社会生活的系统性，在班级活动中进行奖励时，不仅仅是作为单一的游戏，更应该考虑到它的系统性。奖励的系统性是生活味最突出的特点。

奖励的目的：发展性 > 评价性

奖励其实就是一种评价措施，是用来评价学生行为的手段。它基于学生的行为，将行为表现作为评价的基础，让学生根据评价调整自己的行为。一般来说，奖励是评价的方式之一，它体现了评价的正面性。但是奖励作为评价的方式之一，虽然是正面的，却仅仅是对学生过去的表现所做的评价。人的成长是一个过程，更重要的是未来，所以局限在过去表现的奖励是无法让人看到未来的。刚开始实施时，因为奖励具有即时、正面的特点，一般会有较好的效果。但是，当成长逐渐凸显发展的本质时，阶段性的评价就渐渐失去作用了。

所以，从奖励的目的来说，应该做到发展性 > 评价性。发展性就是在奖励时，我们不仅仅要看到过去的表现，更要为将来确定目标，制定一个比当下已完成目标更高一点的目标。奖励的发展性不仅仅是一种认定，更是一种对未来的期待和描述。评价只是对过去和当下的总结，发展却是对人的可持续成长的要求。如果说，教育的本质是培养人，那么奖励更应该做到的是推动发展而不仅仅是评价过去，奖励的效果就取决于此。

一般来说，发展性的奖励主要有对未来目标的制定、对升级版行为的认定、对某种品质的确定标准等。这些都不仅仅局限于当下，而是让人看到未来。它的主要特点是可持续，真正遵循了教育的规律。

（方海东，浙江省温州市第九中学）

奖励失效的审思与求解

——强化原理的分析视角

奖励是教育实践中常见的激励措施，也是教师最常使用的教育手段，通过奖励控制学生的行为，以帮助学生产生社会期待的良好行为习惯。其依据在于：人有趋乐避苦的本能，奖励能够给人带来快乐，可以用来帮助学生保持正确的行为；惩罚能够带给人痛苦，可以用来抑制学生的错误行为。因此，长久以来，在学校教育中"奖励"与"惩罚"一直被看作行之有效的教育方法，常常被教师使用。但随着教育人性化、法制化浪潮的不断兴起，惩罚的方法逐渐被教育者所摒弃，奖励则成为许多教师能够使用的唯一教育手段。然而奖励的过度使用，也会带来误用或乱用，奖励失效的问题自然就会浮现出来。

奖励失效问题的理论与实践审思

要认识奖励失效问题，需了解奖励背后所依从的理论。奖励的运用，主要基于行为主义学习理论中的强化原理。行为主义学习理论的代表人物斯金纳通过动物实验的结果，将行为划分为两大类，即反应性行为和操作性行为。前者是由刺激物直接诱发的行为，表现为先有刺激后有反应；后者则不是由刺激物直接诱发的行为，而是先有行为表现，其后这一行为会受到刺激物的影响，表现为先有反应后有刺激。反应性行为由刺激物引发，是一种不由自主发生的行为；而操作性行为则是通过强化获得的，由此也使得强化成为行为主义学习理论的核心概念。

所谓强化，指的是某种行为发生之后，所跟随的结果能够导致将来该行为发生概率增加的过程。如果一个学生上课主动回答问题，老师给予了表扬，那么该生以后上课主动回答问题的行为就会增加，而表扬作为一种强化物则对这一行为起到了强化的作用。强化原理表明，行为是通过强化的过程习得的，任何行为的发生与变化都是强化的结果，因此可以通过控制强化物来控制行为。从强化原理的视角来看，奖励就是通过控制强化物来控制学生行为的过程，是强化的一种形式。

为了能够更清楚地了解奖励与强化的关系，我们还需对斯金纳的强化原理做更为具体的解读。首先，斯金纳区分出了强化物和强化：强化物是一种具体的事与物，是一种刺激，而强化是这一刺激所带来的效果。例如，表扬是一种强化物，是一个能够产生强化的刺激，但表扬本身不是强化，表扬的效果决定了是否产生了强化的作用。因此，表扬可能对某些学生起到强化其行为的效果，对另一些学生则完全不起作用，而使一个反应发生的可能性增加的刺激才能称之为强化。其次，斯金纳又根据行为结果的性质，将强化划分为两大类：正强化和负强化。正强化指当学生某种行为出现后，立即得到某种刺激物，如果这一刺激物能够满足学生的需要，则以后在类似情境下，该行为出现的概率就会增大；负强化指当学生某种行为出现后，立即移去某种刺激物，如果这一刺激物是学生厌恶的刺激，则以后在类似的情境下，该行为出现的概率同样也会增大。区分正强化和负强化的关键，要看刺激物的性质与作用方式两方面，正强化在于"加上"一个"愉快"的刺激物，负强化在于"移去"一个"不愉快"的刺激物，但这两种刺激物最终都能增大行为出现的概率，对行为产生的影响是相同的。在强化原理的视角下，奖励就是一种正强化。当学生某种行为出现后，立即获得奖励，这种行为就会获得强化，今后这种行为出现的概率就会增大；反之，当学生某种行为出现后，得不到相应的奖励，这种行为就不会获得强化，今后这种行为出现的概率就会减小甚至为零。

从行为主义学习理论的强化原理出发分析奖励失效的原因，主要是强化使用过程中出现了问题，表现为使用不当和使用过当。

强化使用不当出现的问题

奖励使用不当，主要表现为"强化物选择不当"或"强化过程不当"。

（1）强化物选择不当。奖励的效果取决于用作奖励的强化物对学生的价值。选择哪些刺激物作为强化物，首先要考虑学生个体的需求，因为个体的需求不同，同样的刺激物对某些学生可能起到强化作用，而对另一些学生则不一定具有相同的作用。例如，一块蛋糕对于处在饥饿中的人和整日衣食无忧的人来说，强化的效果自然大为不同。因此，在选择强化物时，要注意学生的不同需求，也就是说，用作奖励的刺激物，只有符合学生的需求才是有效的。其次，强化物的选择要考虑其使用的环境，因为在某些环境下具有强化作用的刺激物，在另一些环境下则不一定有相同的作用。例如，教师对学生的赞美，在办公室中单独对学生使用和在课堂中当着同学的面来使用，其强化的效果自然会有差别。因此，即使是符合学生需求的刺激物，只有在合适的情境中加以使用才是有效的。另外，如果强化物数量太多，或总使用单一种类的强化物，就可能使强化物出现饱和，不能起到强化作用，甚至还会使学生感到厌恶。

（2）强化过程不当。奖励的效果也取决于强化是否正确使用，应当避免出现强化使用过程中的偏差。首先，奖励时间的问题。有时，当行为发生与给予强化物之间间隔的时间过长，就无法让学生建立起行为与强化物之间的联系，从而影响到奖励的效果。当学生表现出某种良好行为之后，多长时间内实施奖励效果最好？答案是行为发生后及时奖励效果最好。其次，奖励的一致性问题。有时教师对同一个行为，一会儿予以奖励，一会儿予以惩罚，就无法保证强化的一致性，难免使学生感到无所适从。如果某个特定行为曾受到奖励，那么以后再发生时就不应当受到惩罚。

强化使用过当出现的问题

奖励使用过当，主要表现为"过分相信强化物的作用"或"将正强化误用到不良行为上"。

（1）过分相信强化物的作用。有些研究者发现，行为主义的强化原理，并非是解决所有教育问题的灵丹妙药。沃克的研究指出，影响学生行为的强化物是多种多样的，有些强化物教师能够控制，有些强化物则很难控制。而教师能够控制的，往往是那些较弱的强化物，如教师的认可或学习成绩，而那些对学生行为具有较强作用的强化物，教师则很难控制，如同学的接纳赞美、父母的认可等。对强化物的把握程度不够，过分相信强化物的作用，这在一定程度上会影响奖励的效果。

（2）将正强化误用到不良行为上。奖励作为一种正强化，其聚焦点是学生表现出的良好行为，但有时教师在使用奖励时，却将注意力集中到减少学生的不良行为上，而没有把注意力集中于学生的良好行为上，从而导致奖励的过度使用。例如，一个学生上课时总是大声说话，干扰了其他同学正常的学习活动，此时教师的策略应当是：在他大声讲话时不去理会他，当他不干扰其他同学上课时去强化他。即当学生按照教师所期望的行为去做事时，教师给予他关注和赞赏，表现出对他所做的事情感兴趣。有效使用赞美、微笑、注意、接近、抚慰等强化物进行奖励，就会对学生良好行为有强化效果。

奖励失效问题的解决对策

强化原理的提出，为我们控制学生的行为提供了有效手段；正强化概念的提出，也为我们理解奖励的作用机制提供了理论依据，使得学校教育不再简单依赖惩罚的方法，能够采用更为积极的奖励方法来塑造学生的良好行为。但任何一种教育方法都不是万能的，使用不当或使用过当同样会影响其实际效果，出现奖励失效的问题。我们应当认识到："强化"的方法也存在着局限性，有其适用范围和适用对象，应避免不分时间、地点、场合、对象等过度使用奖励；即使是需要使用奖励的时候，也要把握好使用时机和使用方式，避免使用不当带来的副作用。

正确认识奖励的作用，看到强化本身的局限性

斯金纳将自己提出的强化原理运用到学校教育的实践中，改变了过去以惩罚来控制学生行为的做法，也能够避免惩罚给学生带来的身心伤害，有其积极的一面。但我们同样也应当看到，奖励不是万能的，强化原理同样存在着自身的局限性。布罗菲的研究认为，教育的核心不在于通过强化来维持那些期望的行为反应，而在于如何引导那些反应。奖励的作用主要在于经由强化的操纵，来控制和维持一个特定的反应，而引导学生做出反应不是奖励关注的重点。例如，教师向学生宣布一个月后要进行数学期中考试，大部分学生觉得时间还早，没有认真对待并及时复习，只有3名学生开始努力学习、认真备考，教师对这3人给予了表扬，这意味着老师通过表扬这一手段，强化了3名学生已经表现出的良好行为，维持了他们努力学习、认真备考的特定反应，其重点只是对其表现出来的良好行为予以肯定，并非是通过奖励将其潜在的良好行为引导出来。但对那些没有及时复习的学生而言，因为没有表现出良好的行为，所以老师仅对良好行为所给予的奖励，对他们的作用就相当有限，只会起到被动接受间接强化的作用，难以发挥出直接引导他们努力学习的作用。因此，教育作为引导学生成长的过程，仅仅被动维持学生的良好行为是不够的，这也是奖励自身存在的缺陷。奖励作为一种教育手段，不是唯一的，也不是万能的，应适度、有针对性地予以使用。

有效把控奖励的作用，避免强化使用中的误区

在使用奖励、运用正强化的方式来控制学生行为时，也应避免出现奖励使用不当的问题。

（1）当良好行为发生时，强化物的给予要及时、一致。在奖励实施过程中，要注意在学生表现出良好行为之后，及时给予强化物，以帮助学生

建立起良好行为与强化物之间的联系，明确强化物的给予是以该行为为前提的，从而促使学生继续表现出该良好行为。

（2）当对学生的良好行为进行强化时，要对这一良好行为做出描述。描述的目的是让学生明白自己的什么行为是被表扬和被期望的。通过对良好行为的具体解释，可以帮助学生建立起良好行为与强化物之间的关系。

（3）采用多样化的强化程序，避免奖励方式的单调与饱和。不同的强化安排，常常会有不同的强化效果，要使一个行为保持下去，最好的办法是不断进行强化，但这在现实中是很难做到的，因此需要了解强化的不同形式，以提高奖励的针对性和有效性。强化有四种形式：定时强化、不定时强化、定次强化和不定次强化。理想的做法是：在良好行为形成期，最好采用定时强化和定次强化；在良好行为维持期，最好采用不定时强化和不定次强化，以使良好行为能够稳定下来。

（4）运用"代币法"，建立起更为复杂的奖励系统。代币法又称奖励强化法、代币管制法。它是一种通过奖励而形成某种期望出现的良好行为的方法，即当学生出现某种预期的良好行为表现时，立刻给予奖励，使其该种行为得以强化。代币实际上是一种可以在某一范围内兑换为物品的证券，可以是小红旗、带有分值的小卡片等许多形式，教师用代币作为奖励，强化学生的良好行为，然后学生可以用获得的代币换取自己喜欢的东西。代币法的实施步骤：一是明确需要强化的良好行为，即目标行为。目标行为必须具体、可观察、可测量。二是确定代币的类型，如有价证券、塑料筹码、小红花、小红旗或是记录分数等。三是选择支持代币的强化物，即用代币可以换得食物、学习用品、参加某种有趣的活动等。教师可以与学生商定奖励的内容，这一内容应当是学生感兴趣并想获得的。四是建立代币兑换规则。即完成哪些行为可以得多少代币奖励，完成多少目标行为可以得多少代币奖励，获得某种强化物需要付出多少代币，还要确定奖励的时间与方式。五是严格具体的操作过程。

综上所述，强化原理视角下的奖励措施，虽然能够消除惩罚所带来的弊端，又符合行为主义的学习理论，但为何在实践过程中却出现"失效"

的问题呢？究其原因，这既与强化原理自身的局限性有关，也与奖励使用不当或奖励使用过当有关。因此，应正确看待奖励自身的作用，在认识其局限性的同时，努力发挥其内在优势，采用更为多样性、针对性、系统性的强化方式，促进学生良好行为的形成与维持，以进一步增强奖励的效果。

（刘晓明，东北师范大学心理健康教育研究中心教授）

10

新生入学不适应，
怎么办？

正视不适应：非单因导致

案例

新生入学不适应的典型"症状"和对策

在中小学不同学段，由于学生年龄和知识能力不同，新生入学面临的不适应也不尽相同，但总体上都是学生面临的实际环境与自己的预想或以往的习惯、看法有差异甚至有冲突带来的不适应。这种不适应通常表现为四个方面，下面结合我任教的高一年级情况具体分析说明。

对新学习环境的不适应和对策

高一新生来自不同的初中学校，当对过去环境的熟悉感被新校园环境的陌生和未知打破，特别是当高中校园环境不如初中环境好时，若再伴有一些中考的失意，学生就会产生失落感。班里不少学生告诉我，他们是因为中考成绩偏低或志愿填报失误才来到我校的，加上我校当时正在进行大面积改建，学生自然对学校环境产生了不适应。

针对这种情况，我首先向学生介绍我校发展历史和实力提升过程，再将学校改建前后"旧貌换新颜"的图片对比展示，让学生对新校园的发展和未来充满信心，寄予期待。然后，请熟悉情况的本班学生和高年级学生介绍新校园的主要功能分区设置、本年级各班教室位置与本班教室的设备设置，并发动学生给班级布置提建议，提高学生们的参与度，增强其主人翁意识，从而消除陌生感，让学生认识和亲近新的学习环境。

对新同学新老师的不适应和对策

面对新老师和新同学，由于相互之间不了解不熟悉，学生普遍比较谨慎和放不开。其实，这种"不适应"是暂时的，学生年纪相仿，志趣相投，随着学习生活的展开，多数师生、同学间的陌生感很快会消散。当然，班主任如果能组织有益活动，主动缩短同学间心理距离，化解这种陌生感，效果会更好。

就我班来说，经过开学前为期一周的军训的朝夕相处，学生相互之间很快就熟悉了。当然，如果没有这个过程，也可以在入学后及时组织"破冰"活动，如班级游戏、自我介绍、小组活动等，同学间会因认识、了解而很快适应。

学生对于老师的不适应，多数是不适应新老师的教学方法和要求。此时，班主任需要适时向学生介绍初高中课程的不同及老师教学方法和要求的目的与意义，介绍高中、高考的特点，高中老师的经历和成果，使学生建立对老师做法与要求的信任和理解，建立对高考的期待，进而积极适应高中与初中的不同。

对新制度新要求的不适应和对策

高中的管理制度、要求通常比初中更加严格，会导致部分学生无法适应。虽然我校高一新生开学前都经过了严格军训，但新生们仍然会对学校和班级在作业交送、手机管理、午餐午休管理、课室空调使用、出勤值日等方面的要求产生不适应甚至不理解。同时，学生们也会不自觉地将新集体的制度和以前学校的制度进行对比，对比时，又往往只注意到新集体要求的提高，而忽略了随着学段的上升，对自我应有更高的要求。

开学不久，我就专门组织了主题班会——"如何看待学校、年级的制度和要求"。在班会上，我提出换位思考的问题让学生集体讨论，还采用辩论的形式让学生充分发表意见，以便通过交流互动，逐渐厘清想法，达成一致意见，统一做法和要求。比如，学生对高一比初中早读提前 10 分钟开始很不理解，我就对早读的重要性、初高中的差异进行了集体教育，学生们理解了，也就逐渐适应了学校的要求。

对于新制度新要求，高中生毕竟比小学生、初中生有更强的理解力和自控力，班主任要联合科任老师，及时向学生讲清楚高中与初中的不同及做此要求的原因，并给出可操作的建议和方法，让学生在尝试解决中，树立正确的高中学习观念，积极适应初高中的差异与变化。

对新学习内容的不适应和对策

高中知识是为考入大学打基础的，难度与广度上要比初中大得多。开学刚一个月，我班新生就对高中考试科目多、作业量大很不适应，特别是对难度大、要求高的数学物理等科目更是如此，纷纷在周记里表示，几乎要跟不上高中学习进度与作业要求了，很是苦恼。

为此，我在班里组织了高中学习问题意见搜集和调查，并让学生们写出困难的原因和解决对策，在班里进行大讨论，集体归纳出针对普遍困难的解决办法。

另外，我班学生普遍感到家庭作业时间长，导致晚睡，第二天精力不足，学习效率下降。我在班会上就此组织学生展开讨论，商量解决办法，并发动适应快、成绩好的学生分享自己的做法和经验。我告诉学生必须积极适应、主动改进，要善于利用琐碎时间来完成作业，要及时弄懂知识难点，遇到困难主动向同学和老师寻求帮助。同时，我在班里组建若干学习小组，发动组内督促和组内外的互助，并结合小组间的竞争机制，推动了学生对新困难的适应进程。我还邀请有经验的家长和高年级学生现身说法。一段时间后，学生们逐渐适应了高中教学要求，也在互动中增进了情感，改变了对困难的态度。

新生入学不适应是一种普遍现象。在学生出现不适应时，班主任要根据具体情况，对症下药，发挥同学间、师生间的正能量和积极因素，有针对性地指导学生尽快走出不适应，融入全新的学习生活。

（李涛，广东省广州市第一一三中学高中部）

以心理疏导带学生走出不适应

案例

老师，我不想上学了

雪是刚从我班毕业升入高一的孩子。上初中时，她学习习惯好，成绩较好，经常得到老师表扬。可高中生活刚开始一个月，她就给我发来短信："老师，我不想上学了！我特想和您聊聊！"

感受到问题的严重性，又考虑到孩子的时间情况，我和她约好周日下午在QQ上聊。

"老师，我现在对上学特别没兴趣，心里烦躁。我同桌是个活泼开朗、很爱笑的女生。刚开始我觉得她挺好，可现在我一听到她的笑声就觉得烦躁，有时一看到她进班就心里难受得不行，都不想看到她。"雪内心积郁的情绪终于找到了一个突破口，一下子爆发出来。

"我很理解你不想见到一个人的感觉，我有时也有这种感觉。"我顺着她的思路说，"她平时的表现如何？是爱学习还是经常捣乱呢？"

"她很爱学习，经常得到老师的表扬。"

"她对你好吗？如果你向她请教问题，她会告诉你吗？"

"她挺好的，只要我问她问题，她都很热情，很上心。可是，我就是越

239

来越不喜欢她那种样子，她的热情让我难受，她的笑让我感到刺耳，她干啥我都觉得不舒服。"

"当你对一个人有了看法时，就会觉得她干什么都看不顺眼，我也有同感。"

"可不，现在我觉得我上课都不能好好听课，写作业也不能专心，她只要在我旁边一有动静，我就什么都干不下去了。"我的话让雪产生了共鸣，她便毫不隐瞒地吐露了自己的心声。

"雪，她这么影响你，你觉得你俩有矛盾吗？"我问。

"没有！可是，我就是看她不顺眼。"

"雪，你现在碰到问题能主动来找我聊，自己努力寻找方法解决问题。你知道吗？能做到这一点很不简单呢！因为很多同学即使出现了这种状况也不知道解决，最后变得严重了，有的学习成绩不断下降以至于不学习了，有的和同学关系从此闹僵了。"我赶紧鼓励她，表扬她的优点。

"王老师，我都不知道怎么办好了。"雪的话里透露着无奈。

"雪，你在初中时很优秀，老师们都很喜欢你，经常关注你。现在是不是觉得班里比自己厉害的同学很多？是不是总感觉老师看不到自己？"我试探着问。

"嗯！"雪回答得很痛快，看来我的话一语中的！

"你由初中时的优秀变为现在在新的班级里默默无闻，心里肯定会有很大落差。我觉得你现在最大的问题是不能适应这种落差。比如，原来老师都关注你，现在可能还有老师不认识你；原来学什么都很快，现在可能别人会了你却不会；原来同学都围着你，现在同学都围着别人……。我觉得你每天可能比较郁闷，肯定不如上初中时开心了。"

"是的，王老师，我一直都不太开心。老师上课不提问我，我郁闷；可有时提问我，我又回答不上来，就更郁闷。有时候看到别人做完作业了，我还在忙碌，心里也不开心。"

"是的，你的这些感觉我都有过，当时特别不开心，现在回想起来很正常，没什么。所以你要正确对待，这些都是正常现象，就是来到一个新的班级，开始了一段新的学习生活，暂时还不适应的问题。"

"嗯。"

"你的同桌很好，你也知道她对你很热情，你俩也没有什么矛盾，但是你就是不喜欢她。你想一想，是不是她平时的表现得到了老师的关注？她开朗的性格、她的笑声说明她在高中很顺利，而你正好觉得自己不顺利、不开心，于是，你就看她哪儿都不顺眼了。你觉得是吗？"

"老师，好像是这样。觉得她啥都会，老师老表扬她。觉得自己怎么不如她……"

"这说明你很有上进心啊！是好事。如果别人比自己优秀很多，自己也没感觉，说明咱麻木了，不求上进了。现在你要做的是调整好自己的心态，正确对待，你会很快走出这个怪圈的。"我赶紧鼓励她。这绝对是个自尊心特别强的孩子，进入新班级后突然的失落让她郁闷得不知道怎么办好了。

"你要知道，这个世界上比自己优秀的人很多很多，你不可能超越所有人，而且有时你根本超越不了。我在师范学校学习时，班里画画好的人很多，我一直很郁闷，总觉得自己画得为什么不如别人，时间长了才发现，我在画画方面根本没有天赋，人家几笔画出来的东西就特像，而我就画变形了。承认了这个事实后，我就不郁闷了，我可以努力让自己画得更好，但是没必要非争第一。"

"老师，原来您也这样过啊！"

"是啊，我也是个上进心特强的学生呢！"我开着玩笑，"现在老师不关注你没关系，因为时间还短，咱们继续努力，老师肯定会看到你的努力。你作业不如别人做得快也没关系，每天比前一天提前十分钟完成就是进步。你不要和别人比，要和自己比，和昨天的自己比，每天都比昨天的自己进步，你就会很开心的！你同桌的热情开朗对你是个多好的学习资源啊！你首先要告诉自己，她就是优秀，自己就是不如人家。承认这点，然后多向她请教。就像初中时，你的同桌丰虽然不如你，但她经常向你请教，你也一直在帮助她，你俩一直同进同出的，关系多好啊！"

"哦，老师，我可以把自己想成当初的丰，把我的同桌想成当初的我！

我好像有点明白了。老师，原来都是别人问我，围着我转，现在我需要围着她转了。"我仿佛从雪的话里感受到了她的豁然。

"对！你要学会转变角色。知道以后怎么做了吗？"我快速地发送过去一行字，心里欣喜着她的欣喜。

"我要首先承认总会有人比自己优秀，承认自己的不优秀，从心理上接受这个事实。"

"对，首先要接受，接受了就会少些郁闷。然后，每天和自己比，让自己每天都比前一日进步。最后，和比自己优秀的人交朋友，向她学习。"

"老师，谢谢您！和您说完我心里舒服多了。"我仿佛看到雪在电脑前长长地舒了口气，还伸了个懒腰！

和雪的联系暂时结束了，知道雪能正确地对待这种情况，我心里轻松了很多。

孩子们走入新学校新班级，面对新的老师、新的教学方式、新的同学关系、自己新的位置、新的学习状况……，心里总会有所起伏。面对家长，孩子们不愿意说出自己的心里话；面对新老师，孩子们还没有那么熟悉；面对同学，孩子们不愿意暴露自己的软弱。这时最能帮他们解开心结的，就是原来的班主任了。所以，每当孩子们毕业时，我总会给他们提供我的QQ号码，并告诉他们："如果在高中有什么困惑，有什么郁闷，可以和我联系。我可以帮助你们。即使帮不了你们，也可以倾听你们的烦恼，我会是一个很好的倾听者。"

毕业了，我也会送学生一程，让他们轻松、顺利地融入新的学校、新的班级！我想，这是我们每一个班主任的责任！

（王丽华，河北省丰宁满族自治县第三中学）

借力同伴，远离不适应

案例

让孩子们学会共同生活

多数刚升入初中的孩子，都会或多或少地感到不适应。但在新生入学这一"特殊时期"，让孩子学会共同生活，对他们的"可持续发展"无疑会有极大帮助。

小 H 的父母常年在外地打工，他从小就与爷爷奶奶一起生活。隔代教育的弊端，在他身上表现得尤为突出。说话不够文明不说，长时间不洗澡、不洗脚，更让室友们"忍无可忍"。

开学不到半个月，小 H 便很委屈地告诉我，同宿舍的同学都叫他"臭小鸭"，他决定不在学校寄宿了。我想，小 H 家离学校那么远，每天起早贪黑地往返，终究不是长久之计。我必须妥善处理，不能简单地让他退宿了事。

于是，我召开了一次班会。我深情地对孩子们说："每个人都有优点、长处，只是有时我们缺少了发现别人'闪光点'的眼睛；同样，任何人身上也都会有这样那样的缺点与不足，'人非圣贤，孰能无过'？毕竟人无完人嘛！"接着，我建议以"三省吾身"作为这次班会的主题，大家立刻以热烈的掌声表示接受。

此次班会，共分三个环节：一是"取人之长"，每个学生至少写出同桌或室友一个优点；二是"揭己之短"，每人要写出自己的一个不良习惯、不良爱好或性格弱点；三是"总结汇报"，有代表性地选择一些学生汇报自己的认识后，再进行自由讨论、自由发言。在"总结汇报"环节，我有意多给小 H 所在宿舍的学生一些机会，他们个个发言积极踊跃，不仅从小 H 身上找到了大量优点，比如爱帮助别人、讲义气等，还认真开展了自我批评，赢得了同学们的阵阵掌声。

这节班会课后，包括小 H 在内的大部分学生开始有意识地改正自己的不良习惯，他们融入集体生活的愿望也变得越发主动而强烈。一些总善于找别人"缺点"的学生，也开始反省自己的不足。他们逐渐学会了以欣赏的目光看待别人，也学会了如何与别人更好地相处。随着时间的推移，很多学生不仅善于悦纳自己，也能够悦纳别人了。

所谓"新生入学不适应"，主要是因为学生还处于相互"冲撞"的"磨合期"。此时，只要班主任善于引导孩子相互理解、相互包容、相互帮助，让孩子们学会共同生活，一切困难就会迎刃而解。

(刘向权，安徽省利辛县纪王场中学)

家校合力，消除不适应

案例

家校"心桥"助成长

经过一段时间的入学教育，班上的孩子们渐渐建立了课堂常规，能够有序地学习、活动，只有小涵仍不能适应学校生活：该上课了，安静的操场上还晃动着他留恋贪玩的身影；文化课堂上，他溜下座位，剪烂同学的作业本；体育课上，他又在走廊里闲逛，还和老师玩起了捉迷藏……。我对他百般教育都无济于事。于是，我决定对小涵做一次家访，从而更全面地了解这个孩子。

一天下班后，我和王老师来到了小涵的家。这是一个外来务工人员家庭，爸爸在工地搞采购，妈妈暂时没有工作。我和王老师说明来意后，小涵父母对我们的到来很是热情，但也透着局促。我们首先肯定了孩子的优点，告诉他们孩子有不足也是正常的，千万不要因为这些不足而有压力，不好意思与老师交流。等他们渐渐摆脱了紧张后，我们才从孩子的生活、学习和交往等方面一一与他们展开交谈。

通过交流，我们了解到小涵是他们的小儿子，从小被带在身边甚是疼爱，要什么给什么，但他们只关注了孩子的衣食，却忽略了孩子的精神成长和养成教育。从幼儿园到学前班再到小学，老师们都反映过孩子不遵守纪律等问题，可家长在对孩子进行有限的教育后，更多的只是无奈和迁就。平时对孩子的教育方法不是骂就是打，骂完、打完就觉得自己的教育完成了。

针对小涵家庭教育的状况，我们首先帮助他的父母树立对孩子教育的信心，让两人都重视起来，明白在教育孩子方面谁都不能缺席，而且双方要保持一致；接着，我们和他们交流了很多家庭教育的方法，并针对孩子的情况提出了一些具体建议，同时向他们推荐了几本有益的家教类图书，直到他父母的眼中燃起信心的火焰。我们离开时，他们充满感激地送了一程又一程才挥手告别。

此次家访过后，小涵有了较为明显进步：课堂上不再借故溜出教室，甚至偶尔还能举手发言；体育课上也能和大家一起站队，进行训练了；被同学"告状"的次数也明显少了……。虽然他和大家相比还有很大差距，但在家庭和学校的共同努力下，我相信他会越来越好地融入这个班集体中。

（董灿蕾，河南省郑州市黄河路第一小学）

入学教育，上好开学第一课

入学微课：习惯先立，养成跟行

尽管暑假期间，一年级新生已经提前来校参观过，对小学生活有一定的认知，可是每年开学第一周，一年级班还是各种状况层出不穷。更严重的是，每年都有几个孩子由于对小学生活极度不适应，抗拒入学，甚至最终导致厌学。

为了改变这种状况，我校开始尝试推行"入学德育微课"教育。

入学微课，家长先行

孩子入学，家长大都会产生焦虑情绪，这些情绪会影响到孩子对小学生活的期待。因此，我校在 8 月中旬开设了新生家长微课堂，把学生入学后会面临的生活、学习或情绪上的问题制作成相应的短小微课，并做成资料包，引导家长提前学习了解，提前引起重视。

在家长微课堂上，每个家长都接到了一个厚厚的资料包，包括《家长情况调查表》《学校日常行为规范表》《致家长朋友的一封信》《一年级学生养成习惯清单》《一年级学生阅读清单》《一年级课程设置说明》《一年级教师介绍》《一年级学生课程评价标准》等内容。这些资料，有助于家长迅速了解学校的办学理念和教学常规，并熟悉小学校园的各个方面。接着，学校心理老师还给家长们做了如何帮助孩子更好入学的心理讲座；班主任和家长一起交流养成良好学习习惯的方法；每个班级还邀请一位二年级优秀家长传经送宝。上完课，家长们宛如吃了定心丸，对帮助孩子顺利度过幼小衔接过渡期充满了信心。

入学微课，趣味先导

针对学生入学不适应的情况，我们也从学习和行为习惯培养方面开发了微课。这些微课首先以趣味为先导，深深地吸引住孩子们。微课包括"立习惯，巧体验"，分为"可爱乐园""认识新伙伴""好习惯大家爱""可爱的大朋友"等小主题。老师们事先备好课，做好课例。这些入学微课的设计主要以活动、游戏的形式为主，内容涵盖生活常识、生活学习好习惯、阅读、行为规范等，形式有童谣、儿童诗、绘本、视频等，通过晨诵、午读、暮省等方式进行，让学生易于接近，乐于参与。

入学微课，体验导行

万事俱备，只欠东风。这张只有一周的微课课程表里，凝结了学校多年的经验和老师们的智慧。开学第一周，一年级老师就开始带着这些入学德育微课内容走进小朋友中。在实施微课时，老师们注重群体体验，注重活动实践，增强情感渗透。在寓教于乐的故事、游戏、活动体验中，训练孩子养成就餐、如厕、列队、听课、午睡等行为习惯，学会文明礼仪。如担任一年级形体课的刘楠老师负责各个班级的排队训练，通过在餐厅、教室、操场等不同地点开展排队小游戏活动，让孩子们既感受到了小学生活的趣味，又训练了排队的礼仪与动作。李洁兰老师开发了一系列主题绘本故事，来帮助学生遵守班级规则和学校纪律，同时也培养了孩子们阅读的好习惯。心理老师带领孩子们玩各种以培育团队意识为主的团体游戏，如孤岛求生、不倒长城等，从而培养孩子们的集体意识。

入学微课，家校跟行

入学微课的教育有了老师、家长和学生的共同参与，起初的效果往往很明显。但学生年龄小，自我控制力弱，好习惯和生活能力的形成需要反复锻炼，需要家长和老师不断地跟踪引导，从而螺旋式上升式地养成。因此，我们设计了"新生入学家校跟行联系卡"，让家长、孩子通过有趣的符号来反省自己一日的生活学习，教师也客观地做出评价。家校双方及时沟通、跟踪引导学生的入学状况，从而使教师对新生入学情况了然于心，把新生不适应感消除在萌芽状态。

以往，一年级的老师总要对孩子们反复强调学校常规，现在通过新生入学的德育微课教育，孩子们适应得更快更开心。孩子们对新校园充满了期待，每天都盼着来上学，新生不适应症被很好地提前预防了。

（杨方芝，广东省中山火炬高技术产业开发区中心小学）

案例

做好铺垫，有序衔接

一些小学一年级新生不适应新环境、新规定、新老师和新同学，这是很正常的事。作为班主任，我们应理解他们的这种不适应，但绝对不能采取等待的方法，要及时主动地采取有效措施，尽可能使他们在积极的状态下一边成长一边适应。

那一年，学校安排我接手一年级新班，于是我总结以往迎新的经验和教训，精心策划了一个开学第一天的小班会。

开学那天，我早早在教室里微笑着迎接每个孩子的到来，我能感到孩子们面对全新环境时内心的忐忑，他们个个老老实实地坐在座位上。待孩子们到齐了，我们的班会如期召开。班会的主题是"我们都是好朋友"。我先让孩子们简单地说说"什么是好朋友，你想不想有好朋友"，然后我很郑重地说："从今天起，我们班的全体成员都将成为好朋友。好朋友这么多，这是一件多么幸福的事呀！"简短的引言之后，我们的班会正式开始。

第一个环节——我要认识你

当我把这几个字写在黑板上时，有些孩子有点小紧张。我首先笑着向孩子们介绍了我自己，表达了我对他们的喜爱和期待。接着，我组织孩子们以自己喜欢的方式互相认识一下，我没有让每个孩子上讲台前做自我介绍，因为这样的方式太正规，会给孩子造成一定的心理压力。我提示："可以互相问一问，主动说一说，看看今天你能记住几个好朋友的名字？"我指导孩子们先认识同桌，再认识前后左右的同学，如果认识得快，那就把整个小组、全班的好朋友都认识一下。孩子们很轻松地互相认识着，很随意地交谈着，紧张感、陌生感渐渐消失。这一环节即将结束时，我给他们布置了一个小任务："一个星期后，我们比一比，看谁记住的名字多。"这样，就能促使孩子们在课间互相询问，相互交流，很快相融。

第二个环节——我们都是好孩子

我把事先向每个家长了解到的孩子的优点很亲切地一一在班上进行简单讲述，每个孩子都听得非常认真，非常激动。我告诉他们："我相信你们都是好孩子，我喜欢你们，我愿意和你们一起学习，一同成长。"我说完后，孩子们看我的眼神都变得亲切了。事实证明，这一环节不但能在一定程度上缓解新生入学的不适应，还能激励每个孩子以很积极的状态表现自己呢！

第三个环节——我们一起做游戏

在相互认识、充分激励的基础上，孩子们紧张的心情放松下来，我把孩子们带到操场上进行游戏指导。对于刚入学的小学生来说，游戏可是他们的生命，如果他们课间玩得不开心，就很难喜欢校园生活，所以必须在入学初教给他们几项简单的小游戏。同时，游戏也是孩子们互相认识、建立友情的桥梁。我组织他们玩了丢手绢、打沙包、传球等小游戏，并在游戏中告诉他们要遵守游戏规则、互相关心、注意安全，孩子们玩得很开心，很快就互相熟悉了。

班会只是一个起点，接下来的一段时间，为了使孩子们在新的班级里遵规守纪、积极向上、逐步养成好习惯，我组织孩子们开展了"每天进步一点点"活动。习惯养成是新生教育的重要内容，可是如果一项项严格落实，必然会加重孩子们的不适应心理，所以经过思考，我把习惯养成这项重要内容贯穿到"每天进步一点点"活动中，每周提出两项小要求，我想办法把提出要求的方式变得富于激励性，然后每天都表扬几名进步者，并且在一个星期内把每个孩子至少表扬一遍。这样就会使他们每个人都觉得自己有进步，在增强自信心的同时，也会一点点自律起来。

一次有目的的班会，做好情感铺垫，再加上一次长达一个月左右的"每天进步一点点"活动激励，有序衔接养成教育，孩子们基本上就可以很顺利地度过适应期了。

（赵春梅，吉林省蛟河市庆岭金城小学）

现身说法，用好"老生"资源

"旧部"带"新兵"，实现传帮带

每次接手新班，带领新生以最短时间适应高中生活，实现初高中对接软着陆的，并不是身为班主任的我，而是那些已经与我朝夕相处了三年的刚毕业的学生。

接手新班，让"旧部"欢迎"新兵"

每年8月初，新高一的班主任手上都会拿到本班学生的名单，之后就是为期半个月左右的家访活动。在我任教的班级里，首先与新生沟通的并不是我，而是我带的刚毕业的部分学生。作为同门师兄师姐，他们组成学长学姐团，或根据初中毕业学校以母校校友的身份，或根据县市区域以老乡的情义，拉近与新生之间的距离，通过电话、邮件、QQ、微信乃至见面等诸多形式，欢迎学弟学妹们来到我的班级。

由于他们和学弟学妹只相差3岁，年龄相近，因而更容易沟通，那些充满好奇的高一新生往往会私底下向学长学姐打听一些他们急于知道的信息，而学长学姐们也热情回应，乐意担当新生适应高中生活中的"指路英雄"。他们有问必答，有求必应，诸如初高中学习方法的差异、学校寝室生活的注意事项、开学前需要做好的准备工作、班级科任老师的教学风格等，都是彼此交流的热门话题。而新班主任的脾气性格、带班风格、教学水平等，则是新生最为迫切关注的。我的这些"旧部"们，在尽可能真实地把相关信息传递给新生的同时，也会适度为我美言或解释一番，以便让我在"新兵"心目中有一个良好的第一印象。之后，他们会把所负责学生的情况反馈给我，这样，在我对新生正式家访之前，我们双方已经对对方有所了解。

始业教育，让班级文化实现传承

"亲爱的友民的孩子们，很高兴能有机会向你们娓娓道来三班的故事。也许我类似流水账的行文及对这些琐碎小事的记叙丝毫不能引起你的兴趣，更别提共鸣了，但其实我的每一句话里，都在深深地表达自己对这个有着无限人情味、凝聚力、进取心的集体的怀念和对你们的殷殷期盼……"开学报到时，每个新生都会从学长学姐手中接过一封热情洋溢的欢迎信，他们以书信的方式展示着过去班级特有的文化基因。

而在这之后长达一周的军训始业教育期间，学长学姐们的工作也开展得有条不紊，诸如班干部、科代表、寝室长的竞选和培训，班规、班歌、班徽、班旗的征集，全班每日军训照片拍摄与分享，座位安排、寝室卫生，学长学姐们都指导得非常到位。特别是他们精心策划的两次面向全班学生的学长报告会，集整个学长团队的力量，为新生们提供了营养丰富的精神大餐。其中，第一场报告为分享高中学业规划、社团选择、学生组织加盟、学习经验等方面的得失与体会，为新生提供了可资借鉴的经验。而第二场报告则是围绕着"建设一个什么样的班级和怎样建设一个好班级"展开的，主要介绍的是过去三年他们生活的班级所特有的文化元素，以及为此开展的一系列丰富多彩的活动。我带的2012届毕业生，甚至用自己参加暑期社会活动赚来的费用给学弟学妹在军训期间每天买绿豆汤解暑，在感动着这批刚迈入高中门槛孩子们的同时，也让他们在最短时间内亲身体验和感受了班级文化。

新老结对，让沟通跨越时空界限

"来到高一（1）班，我几乎没有太长的适应期，一入校就如同走进家门了。遇到问题，首先想到的是请教学姐夏诗霖，她是我开始高中生活的引路人，我希望三年以后，我也能像她那样就读对外经贸大学，这样，我的初中、高中、大学的求学轨迹，都和她一致了。"这是新生张贝尔和我分享的一段话，夏诗霖是和她结对的学姐，和她毕业于同一所初中。

当9月1日正式开学，毕业生陆陆续续离开家去上大学后，他们发挥的作用仍丝毫不比面对面的沟通交流差，因为他们和学弟学妹们开展了结对行动，由一名学长或学姐与若干名学弟学妹结对，通过电话、书信、网络等渠道为这些高一新生们提供心理咨询、难题解答。随着时间的推移，学长学姐们以自己的切身经历，或是成功理念，或是失败教训，言传身教，有针对性地为学弟学妹指点迷津，排忧解难，在激励学弟学妹阳光进取、勤奋有为的同时，也在鞭策自己做学弟学妹心目中最好的榜样。

这种以同龄人影响同龄人的方式，让新生快速融入了高中学习和生活。这种沟通效果，是班主任的殷殷教导所达不到的。

（郑友民，浙江省衢州第二中学）

联合家长，开展养成教育

案例

我们班的"多功能"表扬本

一年级学生入校，一个新的挑战出现在班主任面前——如何让这些来自不同幼儿园的孩子们凝聚在一起，并对他们进行有效的行为规范养成教育呢？

根据一年级孩子的年龄特点，我发现他们常常将学校授予的奖状和称号视若珍宝，常常将老师表扬自己的话一字不漏地记在心间。我何不利用孩子们的这种心理，迈出班集体建设的第一步？

开学时，我就让学生在家长的陪伴下，选购一个漂亮的本子，作为该学期的表扬本。

开学第一个月，我会根据孩子的在校表现，多元化地评价每一个孩子，坚持每天在他们的表扬本上进行记录和表扬，也鼓励家长将孩子在家的良好表现记录在本子上，由我给予表扬。每得到一次表扬，我就会为他们画上一个笑脸；孩子们只要积累到 10 个笑脸，就会得到一张"启航卡"。我还会为他们拍照，并将照片贴在班级表扬栏上，发到班级博客中，让孩子与家长都能感受幸福，帮助孩子树立信心。这样，小小表扬本就成了家校沟通的新渠道，通过它家长了解了孩子在学校的情况，我也知道了孩子在家的表现，我们互相配合，让每一个孩子都能得到表扬，从而满怀信心地尽快适应小学生活。

开学第二个月，学生拼音学完了，认识的字也多了，我便鼓励他们每天阅读 15 分钟。家长在表扬本上将阅读的书目进行记录，我批阅并奖励孩子一个笑脸，鼓励他们热爱阅读。这样，小小表扬本又多了一项功能：激发学生阅读兴趣，为班级形成阅读氛围锦上添花。

半学期过去，孩子基本适应了小学生活，但又开始出现各种各样的小情况、小问题了。于是，我告诉孩子，得到的笑脸一定要珍惜，如果犯错误，就会失去一个笑脸。家长们在家中遇到孩子出现无法解决的问题，也记录在本子上。我看到后，会及时配合家长教育孩子，努力解决问题。通过这一举措，孩子们开始有了自我约束、自我管理的意识了。

第一学期最后一个月，孩子们会写的字多了，我就鼓励他们记录自己一天在学校、在家中表现好的地方，我也根据情况进行鼓励或奖励。这一举措，一方面促进孩子适当运用所学的汉字；另一方面，引导孩子学习并培养自我反思、自我教育的能力。

小小表扬本为班级的整体发展发挥了大作用。它是班、家、校沟通的新渠道，是孩子小学生活的记录本，是班级评优的小标尺，是班级管理的好工具，有效推进了学生行为习惯的养成，促进了班级积极向上班风的形成，也让孩子们具有良好的心态，快乐地融入学校生活。

（陈海宁，江苏省南京市江宁实验小学）

专家视点

多管齐下帮助学生完成学段过渡

在中小学，新生入学是很关键的时期，其中的教育与引导问题不容小觑。在此期间，出现入学不适应的个别现象、集体现象也是很正常的，有时还会遇到少数问题严重、过于敏感的学生出现入学恐惧等现象。所以，从很早的时候开始，教育界就十分关注"幼小衔接""小中衔接""中高衔接"等问题。这些问题解决得好，学生就能快速进入正常的学习状态，教育教学的效率就会得到提高；反之，则会打乱正常的教育教学计划，影响学生的常规发展。

应该指出，目前我国不少中小学对于新生入学时的教育、引导不够重视，听任自然的情况比较普遍。所以，在前一个学习阶段形成良好学习习惯的少数学生适应较快，往往一个月内就可以较好地完成过渡；而没有形成较好学习习惯的多数学生则对新学校长期不能适应，甚至会拖至整个学段结束，使整个教育归于失败。

可见，关注新生入学的适应问题，并不是可有可无、可抓可放的小问题，而是学校大幅度提高质量和效率的关键问题。只有将认识提升到这一高度，相关的工作才会合理、到位，才能帮助尽可能多的学生，最好是全体学生，尽早地适应新学校的常态生活，从而健康有序地发展。

新生入学不适应原因分析

一般情况下，新生入学不适应有以下原因：第一，外因引起的不适应，如进入陌生的新环境、受高年级同学的消极影响、接触社会面进一步开阔、影响因素变多、学校的过渡教育和引导不充分等；第二，基于内因的不适应，如对原有环境的依恋、因性格或心理特点所致不够社会化、应变能力弱、良好学习习惯未养成、对新学校的预想与现实有差距等。

通过具体了解和梳理，上述原因又可细化出以下问题：第一，习惯问题，如从比较自由的游戏学习转向比较正规的教室学习，习惯没有转换和养成；第二，智力问题，包括在学科学习中遇到困难、智力水平未达到所需标准时存在困惑或恐惧等；第三，交际问题，如中小学从低到高，学生的社会化范围会扩大，对交际能力也有逐步提高的要求，而目前的中小学对此关注不够，这会影响学生的适应程度；第四，心理和情绪问题，包括不自信或自我存在意识的变化、情绪波动、有压抑感、缺少安全感等；第五，对学校、班级、学习生活的认识问题，包括在感受上、概念上存在模糊认识，对陌生的新环境不知如何适应，不知道新学校与过往学校的差异，不明白新学校提出的新要求的原因与道理；第六，社会及环境问题，包括上学路程的延长、上下学的安全问题、学校周围的环境等，如打架斗殴、逃学玩电脑等，都可能在进入新学校的过渡阶段成为问题。其他的如家庭问题、亲子关系问题、经济或生活条件问题等，也可能成为新生适应新学校生活的影响因素，容易引起学生的思想或情绪波动。特别是在初高中阶段，这类问题学生一般都讳莫如深，班主任若不及时了解，所做的工作有时会产生适得其反、对牛弹琴的不良效果。

新生入学不适应学段表现分析

中小学新生入学不适应问题，在各学段有不同表现。所以，在不同学段担任班主任的老师，要对本学段学生的共性特点和典型问题有更为具体和深入的了解，并据此对普遍问题做出判断，进行有针对性的教育安排。

幼小衔接时的新生不适应，对应的是学生第一个叛逆期或反抗期。由于习惯、环境的变化，以及人际交流能力较弱，学生很容易出现不适应的情况。特别是那些性格内向、不善言语的孩子，其不适应往往表现得不充分、不典型，因此很容易被忽略。不少在小学阶段的中等生或后进生，其成因并非在于智力和习惯，而在于其"不适应"没有受到关注，没有得到必要的关心和帮助。

小中衔接时的新生不适应，与新生的开阔眼界、接触面广等原因直接相关。这些学生通常觉得自己已经长大了，却没有做好各种适应性的准备。特别是在当代，一些学生在初一就进入青春期，而另一些学生到初三才进入青春期，他们在情感、情绪、志向、兴趣等方面很容易波动、变化，在适应与不适应方面也会出现变化和反复。因而，班主任不能简单地认为适应过程已经完成，而应多关注他们的细微变化。

中高衔接时的新生不适应，比较突出地表现在从被动学习、靠老师安排向自主学习转变。而在这一转变中，多数学生的适应过程比较艰难，有的学生由于学校和教师的放任自流，适应期甚至长达两三年。这一学段中的不适应，既可能有青春期的影响，也可能有缺少自主性的问题，但更多的是对高中学习方式的转变不清楚、无意识，体现为情感或心理年龄的问题，也可能是对考试升学或担负责任的恐惧。

学生在学段内出现的转学不适应，一般属于个别性不适应，也可能在原学校就没有完成适应的过程。对于学生转学的原因，班主任要做了解，不管是因为家庭、自身或其他问题，转学对于学生的适应、转变和发展都是一个很好的机遇，把握得好会对学生进步非常有益。

助学生完成学段过渡策略一：访

通常，学生从低一级的学习与生活状态转向高一级的学习与生活状态，是要有一个过渡与适应过程的。这个过渡工作做好了，对学生顺利进入学校的学习与生活状态、提高学习效率，会有事半功倍的效果，正所谓"磨刀不误砍柴工"。

当然，由于个性、家庭、以往受教育的效果等各种原因，学生的学习与生活能力、生理与情感年龄、对新学校的适应能力等，都是有差别的，需要班主任给予个性化的具体关注和个别指导。又由于我们的公立中小学基本上都是以"就近入学"为原则，所以在入学前，班主任若能对新生原先就读的学校进行走访则是十分理想的，也是非常必要和比较容易做到的。而输出学生的学校，也应在这方面提供方便与周到的服务，为学生教育的可持续性做出积极努力，教育主管部门也应将此类工作作为各级学校工作的重要内容。

根据对新生原有学校的走访，班主任能较深入地了解学生群体和个体的具体情况，并能据此安排相应的教育和引导活动，把"不适应"的问题充分解决好，把隐患消除于萌芽之中，在班级建设中掌握更多、更大的主动权，使每位学生的优缺点、发展潜力等都能更好地掌握在班主任的手中。

若能挤出时间进行家访，效果将会更好，对学生的了解也会更充分。若时间和精力不允许，也可以有折中的办法：如几个班主任和年级主任等可通过分工合作，分片进行学校和家庭的走访，回校后通过信息整理进行资源共享；也可以组织科任老师、学生干部等做相关的走访工作，这对科任老师了解学生、锻炼学生干部、促进师生融合、帮助学生适应新环境等，均有积极作用。

在新生开学之前若确实没有机会和条件进行普遍家访或对原幼儿园、学校进行走访，则可以通过邮件、短信、调查问卷等方式或工具，对学生的背景状况进行深入了解，争取获得比较充分的学生信息，以便因人而异地安排具体的教育工作。在这方面，《班主任》杂志上有不少典型经验和案例可供广大班主任学习与参考。

助学完成学段过渡策略二：安排活动与陪伴帮扶

当遇到学生出现不适应问题时，班主任首先要弄清楚，这种不适应是个别人的问题还是部分人的问题，抑或是多数人的问题。并且要充分意识到，如果学校和班级没有做好充分适宜的过渡性工作，学生出现不适应就是十分正常的情况，不必困惑与紧张，而应主动积极地采取补救措施，安排相应的引导教育。

经过分析判断，不适应如果是普遍情况，就可安排班级活动，让学生、教师相互介绍认识，带领学生参观校园，熟悉上学放学的路径，介绍新学校、新学段的学习与生活特点，形成小组进行更为深入细致的交流，使学生的陌生感尽快消减，并增强学生对班级、学校的融入意识，逐渐加大班级和学校对学生的综合影响，也可逐渐增强整个班级的凝聚力和向心力。

如果是个别现象，则须因人而异地设计帮扶策略，通过个别指导或具体关怀解决问题。在这方面，日本中小学对外国学生的不适应情况所采用的解决方法很值得借鉴。比如，在新来的外国学生进入班级学习的同时，学校要派一位有经验的专门教师陪伴其完成过渡，帮助其解决各类具体问题，包括语言交流问题、文化的解释问题、习惯差异问题、对学校的了解问题等。经过一个月左右，新来的外国学生就可自然融入班级学习了。

根据我国的学校现状，这类陪伴、扶持或指导工作，也可以由班主任、科任老师、学生干部、科代表、同桌等来完成。只要班主任眼里有问题，工作安排得具体细致，一样可以有好的效果，能够使全体学生都顺利地进入良性的学习与发展状态。

助学生完成学段过渡策略三：看得更深入，做得更全面

对于学段内典型的过渡或适应的问题，班主任可安排有针对性的教育活动，引导多数学生积极适应，并可通过班集体环境与氛围的影响，裹挟着所有学生正常发展。这是因为，人是社会性的动物，从众是未成年人普遍的行为特点。

作为班主任应知道，要解决学生行为习惯上的不适应问题，首先要解决思想意识上的不到位问题。特别要意识到学生出现的不适应问题，根源和关键在于学校或教师对过渡和衔接的问题不重视，对学生身心发展的特点与差异不关注。一旦班主任看到或意识到学生不适应是正常的、可理解的问题时，解决问题的重要前提就有了，相关的方法与智慧就会被创造性地激发出来。

在这方面，不仅有大量班主任或心理学等方面的书籍可以借鉴和参考，在学校中也可以向有经验的老教师请教，还可以因人而异、因时制宜地进行探索，更可以通过家长和学生的配合与支持不断巩固完善。

我们既然认为学生的不适应首先是认识或心理情感的问题，那么班主任的工作就应在相应方面下功夫。通过有效和真诚的沟通交流，取得学生的信任和理解，将硬性的学校要求变为学生的自觉追求和内心认同，并要认真调整学校和班主任对"适应"的评价标准。不仅要关注学生学习成绩的优劣，更要关注多元智能在其身上的体现，关注学生个性化的特点与全

面发展。在学生中树立正确的学习观、生活观、世界观，激发他们的集体荣誉感，使全体学生能更好地从适应走向成熟，顺利地完成相应学段的学习任务，并为下一学段的学习打好基础。

在帮助新生完成过渡期的适应过程中，各种各样的教育活动都可以发挥作用，包括学习校史、校规，熟悉校园环境，请毕业生或高年级的同学介绍学习经验，请各科教师讲解学科学习的特点，开展多样化的适龄文体活动，组织学生畅想未来的学校生活，为自身发展和班级建设提出建议或想法，组织互助性的小组，等等，将每个学生的优势展示和发挥出来，将他们的问题与困惑变成班级整体要解决的问题。帮助学生尽可能地融入班级，才能顺利解决他们的适应问题或过渡问题。

（程方平，中国人民大学教授）

出版人　李　东
图书策划　池春燕
项目统筹　闫　景
责任编辑　代周阳
版式设计　私书坊　郝晓红
责任校对　贾静芳
责任印制　叶小峰

图书在版编目（CIP）数据

不知如何带班怎么办？/ 赵福江主编 . — 北京：
教育科学出版社，2021.11（2024.7 重印）
　（我该怎么办？：班主任工作疑难问题解决方略）
　ISBN 978-7-5191-2748-0

　Ⅰ . ①不… Ⅱ . ①赵… Ⅲ . ①中小学—班主任工作 ②
中小学—班级—学校管理 Ⅳ . ①G635.16 ②G632.421

　中国版本图书馆 CIP 数据核字（2021）第 170403 号

我该怎么办？——班主任工作疑难问题解决方略
不知如何带班怎么办？
BU ZHI RUHE DAI BAN ZENME BAN ？

出 版 发 行	教育科学出版社		
社　　　址	北京·朝阳区安慧北里安园甲 9 号	邮　　　编	100101
总编室电话	010-64981290	编辑部电话	010-64989422
出版部电话	010-64989487	市场部电话	010-64989009
传　　　真	010-64891796	网　　　址	http：//www.esph.com.cn
经　　　销	各地新华书店		
制　　　作	北京浪波湾图文设计工作室		
印　　　刷	中煤（北京）印务有限公司		
开　　　本	720 毫米 × 1020 毫米　1/16	版　　　次	2021 年 11 月第 1 版
印　　　张	17	印　　　次	2024 年 7 月第 3 次印刷
字　　　数	233 千	定　　　价	49.80 元

图书出现印装质量问题，本社负责调换。